JN226699

河北省張家口市蔚県

上下ともに安徽省黄山市黟県宏村

江西省景徳鎮市

东北骨头店
老味道
现烤牡丹饼
批发唐三彩
批发牡丹瓷
水席
洛阳市文艺中心
文房四宝
字画
唐三彩

裱
画
古都
游纪念品
三彩 收藏品 特色纪念品
正宗
英雄毛筆莊
三彩坊
主营：地方特色礼品
英雄毛筆莊
自产自销纯手工制作
自産自銷
純手工制作
正宗
只有一家
河南省洛陽市

上：山西省晋中市祁県　下：浙江省紹興市

上下ともに重慶市合川区淶灘鎮

福建省永定県初渓村

中国古鎮をめぐり、老街をあるく

多田麻美

張全　写真

亜紀書房

目次

2章　埠頭でつながる港町

3章　脈々と続く伝統文化

8章　消えがたい戦の記憶

はじめに

旅の種類は旅する人の数だけあり、どの旅先にも、そこを訪れた人の数だけのイメージがある。だからどんな旅行記であっても、ほかの旅行者が抱いたものとはまったく違う印象が綴られている可能性がある。それでも私はここ一〇年以上にわたり、自分が旅した土地のことをあえて書き記してきた。私の出会った古鎮や老街の数々がとても豊かな個性を持っていて、誰かに語り伝えずにはいられないほどのオーラを放っていたからだ。

そもそも旅とは、道中でいろんな思わぬ状況に出くわすものだ。中国の古鎮や老街をめぐる旅はその最たるもので、どのように行きつくかといった基本的な情報でさえ手探りであることが多い。旅立った後も、たどり着いた先々で必要な情報をまめに集める必要があり、その情報によっては、日程や目的地そのものまで変えねばならなくなる。

そういう旅も見方によっては刺激的で面白いが、私が本書に記したことが、これから実際に、または空想の中で古鎮を旅しようという方々にとって、たとえわずかでも旅のイメージを豊かにするのを助け、旅先での時間を充実させる手がかりになればと思う。

各古鎮へのアクセスについては、各章ごとにおおよその行き方を記した。ただし、中国の交通事情は頻繁に変化するため、本書のデータはあくまでも参考にとどめ、実際に旅される際には、最新の情報を可能な限り集めることをお勧めする。都市間を走る列車については、インターネット上の時刻表などで確認できることが多い。バスやタクシーなどについては、現地についてからバスターミナルの窓口や地元に詳しい人などに直接尋ねるのが確実だ。たとえ言葉が通じなくても、中国では筆談ができる。行き先の地名の前に「怎么去(ゼンマチュー)」（どうやって〜に行くのか）と書いて、最後に「?」をつければ、たいてい通じることだろう。

本書のタイトルにもある「古鎮(グーゼン)」とは、歴史ある街並みを残す中小規模の地方都市や村落を指し、「老街(ラオジエ)」とは、街に古くから残る通りを指す。その多くは、グローバル化や商業化の波に揉まれ、いかに保護するべきかという問いと直面している。

本書では触れていない、北方のある古鎮を訪れた時のことだ。昔ながらの景観がよく保たれていることで評判を集め始めていたその古鎮では、その時すでに観光地としての開発権が同じデヴェロッパーによって丸ごと買い占められていた。そのため、まだまだ人々が普通に暮らしている村であるにもかかわらず、入村料が必要だという。予想外の話に呆れていると、その古鎮に住む村人の一人が、料金を払わずに村に入れる裏道を教えてくれた。どうも入村料から得られる利益が村民たちに還元されていなかったため、村人たちの間にも入村料の徴収に対する反発が広まっていたらしい。その後も、私はあちこちの古鎮で同じような体験をした。

やがて、同古鎮ではさらに深刻なことが起こっていることが分かった。多くの村人がデヴェロッパーによって自宅を不当な安さで買い叩かれそうになっているという。憤慨した私は当時、北京の某新聞の投稿欄にこんな主旨の原稿を送った。

「デヴェロッパーは体質的に営利目的の開発しかできない。だが古鎮は長い時間をかけて丁寧に保護すべき文化財だ。その保護を民間企業に全面的に任せるのには無理がある」

だが、私の投稿が掲載されることはなく、代わりに翌日の新聞に載ったのは私が話題にしたデヴェロッパーの全面広告だった。自分や新聞メディアの無力さを思い知り、私の気持ちは沈んだ。数年後の二〇一四年、この古鎮は一・二億元を投入しての「保護的開発と、全面的な建設」によって「営業する条件が整った」として、正式に一般開放された。

数百年、ひいては一〇〇〇年を超える歴史をもつことも多い土地の景観が、民間業者の強引な観光開発によってごく数年のうちに変容を強いられるのは、何とも心が痛む。だが、古鎮の保護に多額の費用が必要なのも確かだ。ゆえに民間の資本が入った整備をすべて否定するつもりも、今の私にはない。だが古鎮が呼吸する生命体であるように感じられてならない私は、テーマパーク化した古鎮を見ると、何となく自由に山野を駆けていた動物が見世物小屋の中に入れられているような窮屈さを感じてしまう。

もっとも、そういった「保護」をめぐる難しい課題を抜きにして考えれば、中国の古鎮や老街を巡るのは、地理的だけでなく、時間的にもスケールの大きな、胸躍る旅だ。たとえ住民たちの暮らしは徐々に近代化していても、人々の風習やさまざまな文化、審美観などを通じて、その土地が脈々と受け継いできた伝統は否応なく感じられる。つまり、古鎮や老街をめぐるのは、今の世にいながら過去の文化や生活を直接感じとれるタイムトラベルなのだ。

それまで日本ではほとんど未知の場所であった中国の古鎮や老街が、本書によってどこか身近なものとなり、読者の方々の旅心を誘ったならどんなに素敵だろう。心からそう夢見ずにはいられない。

黒竜江省

中国　めぐり歩いた場所

1. 山西省　祁県
2. 山西省　磧口鎮、李家山村
3. 北京市　模式口、三家店
4. 河北省　鶏鳴駅
5. 湖北省　上津鎮
6. 湖南省　帰陽鎮
7. 江西省　景徳鎮市
8. 重慶市　下浩老街
9. 河北省　蔚県
10. 天津市　楊柳青鎮、張家窩鎮
11. 河南省　磨溝村
12. 貴州省　香紙溝
13. 安徽省　宏村
14. 江西省　婺源県李坑村
15. 湖北省　羊楼洞村
16. 河南省　洛陽市
17. 浙江省　西塘鎮
18. 山西省　師家溝村
19. 重慶市　十八梯
20. 江蘇省　南京市高淳区
21. 浙江省　紹興市
22. 福建省　長汀県
23. 河北省　忠義村
24. 北京市　永寧鎮
25. 重慶市　涞灘鎮
26. 北京市　沿河城
27. 河北省　于家村
28. 福建省　永定県初渓村

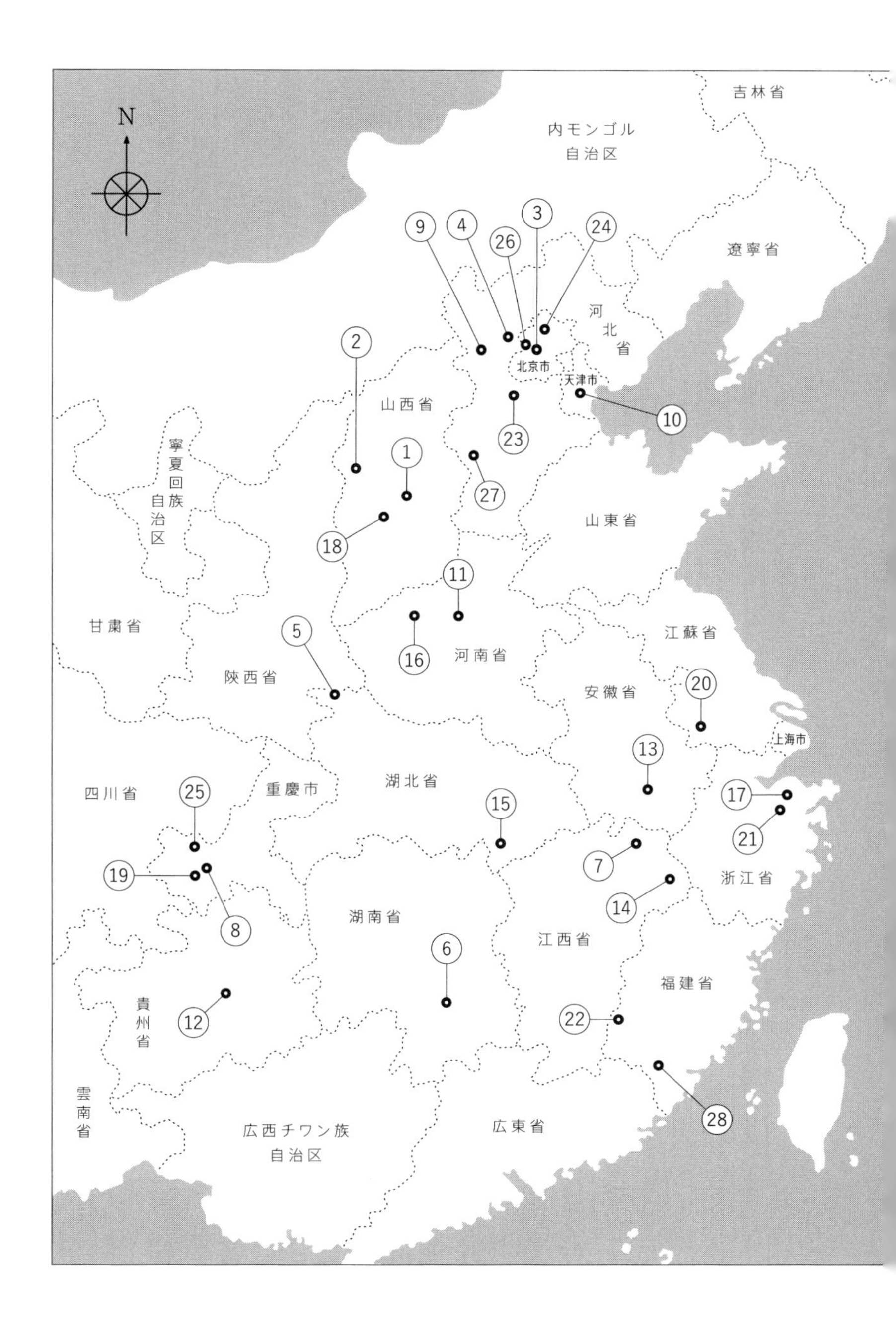
N
吉林省
内モンゴル
自治区
遼寧省
河北省
北京市
天津市
山西省
寧夏回族自治区
山東省
甘粛省
陝西省
河南省
江蘇省
安徽省
上海市
四川省
重慶市
湖北省
浙江省
湖南省
江西省
福建省
貴州省
雲南省
広西チワン族
自治区
広東省
1
2
3
4
5
6
7
8
9
10
11
12
13
14
15
16
17
18
19
20
21
22
23
24
25
26
27
28

【各章扉裏に掲載したアクセス情報について】

２０１９年６月時点での、各古鎮までの行き方です。

列車やバスの番号、およびバス停名などは、

変更される可能性があるので注意が必要です。

大都市から各地への列車は選択肢が複数あることが多いのですが、

ここでは比較的利用しやすく、代表的な例を記しています。

（　）内は中国で普及している簡体字の表記となります。

また、本文中では主要な地名に中国語での読み方を付しています。

1章

キャラバンの通った道

アクセス

祁県（祁县）

「北京西駅（北京西站）」からD2003号の列車で「祁県東駅（祁县东站）」まで行き、25番バスに乗って「古街口（古街口）」で下車。

磧口（碛口）、李家山村（李家山村）

「北京西駅（北京西站）」からZ69号の列車で「呂梁（吕梁）」まで行き、102番バスに乗って「市運管（市运管）」で下車、302番バスに乗り換え、「王家塔（王家塔）」で下車する。さらに紀念碑まで歩いてから、「磧口（碛口）」行きの中型バスに乗れば、1時間半前後で「磧口（碛口）」に到着。

模式口（模式口）

北京市内で地下鉄1号線（地铁1号线）に乗り、「苹果園（苹果园）」で下車。D出口を出てから、「運通112（运通112）」番か「運通116（运通116）」番、または597番バスに乗って「模式口西里（模式口西里）」で下車。

鶏鳴駅（鸡鸣驿）

「北京駅（北京站）」からY535号の列車に乗り、「沙城（沙城）」で下車、駅を出て左に進み、30分に1本の間隔で出ている「下花園（下花园）」行きの中型バスに乗り、「鶏鳴駅（鸡鸣驿）」で下車。

1
商人たちの栄華の跡

山西省晋中市祁県

蘇る富商文化

こういう「幸せ」は、失われてみて初めて気づくものなのかもしれないが、旅心がある人にとって、今という時代はかなり幸せな時代だといえるだろう。旅客機の航路は世界のさまざまな街とつながっているから、国内はもちろん、海外だってかなり自由に旅ができる。閉ざされた秘境だと思っていた場所が、実は普通の旅行者でもたどり着ける場所だと気づくことは多く、三〇年ほど前までは「対外未開放地区」がたくさんあった中国も、今はほとんどの場所が旅行者を拒まない。

だがその昔、つまり観光旅行などという概

念がまだ発達していなかった時代には、自由度の高い「旅」の大半が商人や巡礼者によるものだったはずだ。なかでも、より有利な交易を求めて、果敢に遠く、遠くへと進んだ商人の旅は、スケールが大きく、さまざまな異国の文化と触れ合っていくため、遥かな夢を誘う。

そんな洋の東西を結んだ交易路への旅情が募るたび、思い出すのは山西省の古鎮だ。

宋代以降、地方の特産品の販売網が著しく拡大していったとされる中国では、あちこちの土地にそれらを扱う、比較的裕福な商人がいた。だが、その勢力には地方によって大きな差があったようだ。日本でも近江商人や伊勢商人といった言葉があるように、中国でもかつて、商才に長けた山西商人や安徽商人らが、貿易・金融業界で名を轟かせた。

しばしば政界などとも癒着しつつ旺盛を極めた彼らの文化は、一九四九年以降の解放後の中国では長らくブルジョア社会の腐敗の象徴としてタブー視されてきた。だが、近年の中国には、彼らの文化や功績を見直す動きがあり、観光業による地元興しの思惑とも結びついて、再興が著しい。なかでも山西省中部の各地に残る山西商人ゆかりの遺跡や街は、規模が大きく、見応えがあるため、高い人気を保っている。

その一つ、山西省の太原から南へ八〇キロ前後のところにある祁県(チーシエン)は、山西商人らのかつての繁栄ぶりを伝える街並みと、地元の人々の日常生活が自然と融合しているのが魅力だ。二〇一五年の六月、二度目にこの街を訪れた時、その印象はさらに深まった。

祁県はとても歩きやすい街だ。旧市街の名所は、十字に交わる二つの目抜き通り周辺に集中している。そろばんの博物館、茶商を始めとするさまざまな商店の跡などは、「通票」と呼ばれる通し券（共通券）を買えば中が参観できるし、周辺の民家の多くも、レンガや木への彫刻を多用した、たいへん凝った造りをしているので眺めていて楽しい。

誠意を重んじる伝統

清朝政府がロシア商人の南下を警戒したこともあって、かつての山西商人は政府の奨励の下、国内各地だけでなく、遠くは中央アジアやモスクワまで足を延ばした。ロシア語や各地の少数民族の言葉を巧みに操る商人も少なくなかったという。

山西商人の伝統は、塩の専売を政府から委託された明代に始まる。為替などを扱う旧式の銀行、「票号」のネットワークを発展させることにより、清朝末期の山西は金融業の一大中心地として、巨大な富を誇った。しかしその後は、動乱や社会システムの変化によって凋落し、もともと山が多く、土地が痩せていることもあり、二〇世紀後半にはむしろ、貧困度の高い地区となってしまう。

だが、歴史の遺産というものはしばしば、目に見えない威力を発揮する。もちろん、過去も現在もこの土地が悪徳商人とは無縁である、というつもりはないし、同族から商人だけでなく官僚も輩出した山西省の名家は、官商の結託も数多くもたらしたに違いない。だが、山西省を旅する間、信用を重んじ、不義の利益は求めず、倹約に努めたとされる山西商人の伝統は、現在の人々の生活にも根付いているように感じられた。なぜなら、地元でタクシーや露店などを利用した時、ほぼ公正に料金とサービスや商品が交換され、騙されたりごまかされたりはもちろん、強引、または大げさな言葉で押し売りされたりすることもなかったからだ。

滞在中、風の吹くままにあちこちを旅してきたというおじいさんと出会った。旅人と言えば聞こえはいいが、着ているものはボロボロで、風貌はむしろ浮浪者のようだ。マナーや他人の目などどこ吹く風という様子で、目立つ場所で用を足したりしている。そのため、正直な話をすれば私は、少し話をするぐらいならいいが、それ以上関わるとややこしいことになりそうだ、と感じていた。

だが、バスターミナルまで行こうと、現地の白タクのドライバーと値段交渉をしてから車に乗り込んだところ、またそのおじいさんが現れた。どうも、十分な交通費は持ち合わせていないようだ。すると、ドライバーのお兄さんはおじいさんに、「どこ行くの？」と尋ね、私たちと行き先が同じだと知ると、「乗っていきな。お金は要らないよ」と気前よく言った。

おじいさんは遠慮しながらも、嬉しそうに車に乗り、こう言った。「俺はよく知っているよ。山西省と山東省は誠実な人が多いんだ」

もちろん、出身地で人を色分けするのは危険だが、同じ旅人として、私の印象もおじいさんと近いものだった。私は心の片隅でおじいさんのことを疎んじていた自分を恥ずかしく思い、白タクのお兄さんの寛容さに感動した。

その後、私はどしゃぶりの日に松葉杖をついている私を見て、「ただで乗せていってあげる」と何度も誘ってくれる三輪タクシーのおじさんにも出会った。

法外なぼったくりや、ひどい場合は人身売買などもまだまだ存在する中国で、旅先で出会う人の親切な行為を、疑わずにすべて受け入れるのは難しい。でも、利己心のまるでない、本物の親切に触れる機会も決して少なくはない。どんな場合にどこまで心を許すか。慣れない土地ではいつも悩ましい問題だ。

今も続くライバル争い

商人の街として名を知られていた祁県には、かつてここに拠点を置いた商家の生活環境がよく分かる場所がいくつかある。その代表格が、清末民初に最盛期を迎えた渠家の屋敷跡、

「渠家大院」だ。広大な屋敷には、精緻な装飾が施された門や美しい浮き彫りのある壁、立派な芝居用の舞台などが富商の栄華の名残として残っている。

もっとも、テレビドラマや映画の影響、そして積極的なＰＲなどにより、観光客の間では、渠家大院よりむしろ祁県郊外にある「喬家大院」の方が圧倒的に知名度が高い。そんな事実を前に、「渠家大院」内で働いている、渠家びいきの女性がこう語った。「観光客が『喬家』にばかり集まっているのを見ると、何だかくやしくなる。でも本当は渠家の方が歴史が長いし、繁華街に延々と屋敷を連ねられたくらいだから、財力も勝っていたはずよ」

その差を確かめるべく、祁県の繁華街から十数キロの場所にある喬家大院を訪ねてみた。実はこの場所も祁県の中心部と同じく、九年ほど前に訪れたことがあり、建物に残る精巧な彫刻のもつ迫力が強く印象に残っていた。

ふたたびバスを降り、喬家大院の前に立った時、私は思わず、「同じ場所なのだろうか？」と目を疑った。九年前と比べ、門前には巨大な広場やホテルなどが整備され、敷地内の参観可能な範囲もぐっと広がっていたからだ。知名度が巨額の投資を呼んだのであろう。周囲の自然の景観を取り込んだ観光コースまででき、大々的に宣伝されている。はっきり言って、観光客の数も含め、今やその繁栄ぶりの「渠家」との差は歴然としていた。

茶葉貿易や金融業など、業務範囲が似通っていた渠家と喬家は、各地に多くの分店を設けた清の時代にも、ライバルとしてしのぎを削りあっていたはずだ。そんな関係が、現在は観光業において復活していると思うと、つい、因縁のようなものを感じずにはいられなかった。

伝統との心豊かな共存

実際のところ、祁県の魅力を本当にしみじみと感じたのは、伝統的な文化が今も庶民の間で息づいていることに気づいた時だ。

観光地としても名を馳せる、地方都市の古い街並みの中には、近年、個々の建物の状態や地元とのつながりを無視した画一的な整備が進んでいるところも少なくない。本物の古い建物が、擬古的でこそあれ新しい建物に取って代わられ、中は観光客向けのお店ばかり、というケースも目立つ。だが、祁県ではまだ古い建物が民家として使われたり、地元の人が利用する商店やレストランとしてそのまま生かされたりしていた。

少しだけ裏道に入ると、書道や水墨画を手がける地元の作家が、古民家を使った自作の展示室を愛好者向けに公開していた。そんなアトリエ兼ギャラリーの門をくぐると、環境にしっくりと溶け込んでいる作品だけでなく、作家さんとの会話をも楽しむことができた。

風化が激しそうな建物も多いので、改修の仕方によっては、やがてがらりと様子が変わっ

端午の節句に備え、よもぎの葉が挿され、
縁起のよい絵や菩薩像が貼られた民家の門

てしまう可能性もあるが、山西省の気候の特徴はたいへん乾燥していること。カビも生えるのをためらう乾ききった空気は、古建築の保存にはとても有利に働く。そもそも、最古である唐代の建築物を含め、約一〇〇〇年以上の歴史を持つ中国の古建築の七割は山西省にあると言われている。

古い街並みを何気なく歩いていくと、あちこちの民家の門の扉に、よもぎの葉が挿されているのに気づいた。牛や虎などを象った切り絵や版画も貼られている。切り絵には、ハサミの形のものも目立った。地元の人の話では、いずれも端午の節句の厄除けのおまじないで、ハサミはサソリや蛇などの「五毒」を切るものとされているという。

街角で、露店を構え、巧みな手つきで切り

節句用のお札や切り絵を売る店。
図案の種類は多く、それぞれに縁起のよい意味がある

絵を作りながら売っているおばあさんを見つけた。これまで中国の各地で美しい切り絵を繰り返し目にしてきた私は、魔力に引き寄せられるようにそのおばあさんの手元をのぞき込んだ。「私は文化の伝承者よ」と誇らしげに言うだけあって、手とハサミが一体になったような熟練の手さばきで、複雑なカーブをなめらかに切り抜いていく。切り絵にはカッターで何枚もの紙を一気に切り抜くタイプのものも多いが、やはりハサミで切る素朴なタイプの切り絵には、独特のぬくもりと味わいがある。

つい見とれていると、おばあさんが、私の両手に色鮮やかな紐を結んでくれた。私の言葉には山西のなまりがないので、私が地元の人間でないのは明らかだ。きっとおばあさんは、足のいくらか不自由な私が、わざわざ遠くからこの街を訪れたこと、そして自分の切り絵にほれ込んでいることを、嬉しく思ったのだろう。紐を指さして「これは何ですか？」と尋ねると、五色の糸をより合わせた「五彩線」と呼ばれるもので、旧暦の五月一〇日までつけておけば、厄除けになるという。

道端で切り絵を売らねばならぬくらいだから、おばあさんの暮らしは楽ではないはずだ。そんななか出会ったばかりの旅人の幸福をも祈るおばあさんの心遣いに、私は胸の奥がじんわりと温かくなった。

2

黄河沿いの交易の町

山西省呂梁市磧口鎮、李家山村

波止場町の繁栄の跡

黄土高原が広がる山西省は、乾いた岩山の多い、一見地味な土地だけに、歴史の重みを感じる美しい街と出会った時は、遺跡を掘り当てたような驚きや感慨がある。そして、もっともっと掘り進めてみたい、という気持ちに駆られる。

初めて陝西(せんせい)省との境界近くにある黄河沿いの町「磧口(チーコウ)」を訪れた時、私は不思議でならなかった。周囲は岩山だらけで、交通の便もあまり良くないのに、そこだけ急に歴史ある美しい街並みが広がっていたからだ。黄河の流域は広大なのだから、埠頭もたくさんあったはず。なのに、なぜ磧口だけが特別に栄えたのか。あれこれ調べるうち、やがて私は、その地名にヒントがあると知った。「磧」とは現地では川に堆積した土砂を意味する。二つの川の合流地点の近くにあるこの一帯では、古来、この「磧」が生まれやすかった。かつて黄河は、重要な交易のルートで、しばしば毛皮などを運ぶ船が北方からやってきた。だが、「磧」があると、重い貨物を載せた船は座礁してしまう。その結果、商人たちはここを陸の「入り口」として、ラクダや馬を使った移動に切り替えざるを得なかった。かくして、「磧口」は陸路と水路をつなぐ要衝として繁栄を極めたという。

目抜き通りを歩いてみた。二〇〇六年に一度、ここを訪れたことがあったが、その時と比べ、歴史を感じる建物が減っていたのは残念だった。観光整備のため、原型に忠実に建て直されたらしき建物も、がらんとしていて景気が良さそうには見えない。地元の人の話では、工事の続きは政府の予算が下りてから、ということらしい。

幸い、道の幅などは昔のままなので、かつての街並みの面影はまだいくらかしのぶことができた。かつてはここに旅館や、為替などを扱った旧式の銀行である「票号」、そして旅人や品物の護送を行う用心棒の手配ができる「鏢局」などが連なっていたという。

壁に「駱駝店の跡」と書かれているのが目に入ったので、中に入ってみた。敷地は広く、大きな中庭の周りに建物が並んでいる。どうも、隊商にラクダやラバや馬を提供したり、隊

黒竜廟から見下ろした磧口鎮の街並み。
かつては黄河沿岸で屈指の繁栄を誇った

商が率いてきた家畜に餌や休息を与えたりした場所らしい。いわば昔のガソリンスタンドだ。

何気なく立ち寄った露店で、大小さまざまな鈴が売られていた。馬や牛、ラクダなどの家畜につけるもので、キャラバンの行きかった時代には大活躍したことだろう。一振りするだけで昔の光景に想像を巡らせられるのが楽しい。

波止場に出ると、その名のとおり黄色い水を湛えた広大な黄河がゆったりと流れていた。今でこそひっそりと静まり返っているが、かつてこの波止場には船大工や荷運び人夫などが大勢集い、市場での交易も盛んだったという。人が集えば当然、娯楽も不可欠で、かつて村の一角にある道教の寺、「黒竜廟」では毎日芝居が演じられた。

だが二〇世紀になって鉄道や西洋式の銀行制度が整備されると、磧口は次第に廃れる。ある住人によれば「解放後の政策の影響も大きかった」らしい。富商、とくに大規模なスケールで商品の販売網や金融網を築いていた山西の富商らが、ブルジョア階級として弾圧され、歴史の表舞台から消えたからだ。

大声に救われる

磧口には、窯洞（ヤオドン）と呼ばれる洞穴式住居が今も多数残っている。窯洞は黄土高原に独特の建築スタイルで、アーチ形の窓や入り口がシンボルだ。

そんな窯洞の織り成す景観を楽しめるのは、磧口から四キロ強のところにある李家山村（リージアシャンツン）だ。この李家山村、車で行けば二〇分弱だが、じつは九年前、私は磧口からこの村を徒歩で訪れ、印象深い体験をした。

歩いたきっかけは、毎朝この村から磧口まで天秤に野菜を積んで売りに来ているというおばさんたちを見て、どれくらい大変なのだろう、と興味を覚えたことだ。

無粋ながら先に結果を語ると、天秤組と同じように「一日での往復」を目指したので、踏破はかなりきつかった。しかもおばさんたちは重い天秤棒を担ぎながらの山越えで、年配の人もいる。食べていくためとはいえ、そのバイタリティには心から敬服した。

一方、私の方にもハンディはあった。足がやや不自由なうえ、土地勘がないので道に迷う危険もある。行きは道に慣れた村人が一緒に歩いてくれたので、強行軍にこそなれ、何とか目的地に着けたが、問題は帰りだった。歩くのは大幅に遠回りとなる自動車道路ではなく、なつめ畑の中を通り抜けるような、徒歩用の道なき道だ。さいわい、村人が「一番の近道」を丁寧に教えてくれたが、なまりが強いので、理解できたのは半分くらいだった。

不安を胸に、カメラマンの相棒と「きっとこっちだろう」と言いながら谷を越え、李家山村のある山の向かい側の山の斜面を登っていると、背後から「そっちじゃない！　あっちだ！」という声が聞こえた。振り返ると、李家山村のある斜面から、先ほど道を教えてくれた村人が腕を大きく振って方向を示している。私はびっくりした。その声が、大声で必死に叫んでいるのではなく、あくまで普通に呼びかけるような調子だったからだ。

そもそも、中国には地声が大きい人が多い。北京でも、トランシーバーも使わず、たいへん離れた場所にいる同僚と会話を交わす警備員を見て、感心したことがある。だが、反対側の山の人に地声で声をかけられる人を見たのは生まれて初めてだった。私は自分たちの行方を見守り、声をかけてくれた村人に心から感謝した。その時、すでに日は少し暮れかけており、もし道に迷えば、真っ暗な山の中で野宿を強いられたり、下手をすれば崖などから滑り落ちたりする可能性もあった。

声が大きいことは、広大な農村で生活する人々にはとても大事な能力なのだ。その時、そうしみじみと感じてからは、私は中国で耳にする「大声」に寛容になった。いつも話し声で賑やかな地下鉄やバスも、他の人たちの会話に自分の声が遮られる安食堂も、中国の大半の人々の暮らしが自然体でそこにあるだけなのだと知った。この感覚の変化が、その後の中国滞在のストレスをどれほど和らげたか、計り知れない。

日が暮れかけた頃、磧口に戻ると、足の不自由な私が歩いて李家山村に行ったことはすでに村の噂になっていたようで、見知らぬ人にいきなり「根性あるねえ」と言われ、ふたたびびっくりした。

地声もよく伝わるが、噂が伝わるのもマッハ級。そんな山村の現実を垣間見せられたのだった。

天空に浮かぶ村

僻地にある古鎮の価値が再発見される重要なきっかけの一つに、風景画家による題材探しがある。李家山村も、一九八九年に著名な画家、呉冠中によってその窯洞群の美しさが紹介され、一躍有名になった。六五度前後の切り立った斜面にいくつもの窯洞が並ぶ様子は、霧が立つと宙に浮いた城のように見え、幻想的だ。家々が一斉にナツメの実を干す秋には、壁の土色とナツメの赤が鮮明なコントラストをなす。

窯洞には、地上の崖に穴を掘り、その前に建築物を足したものが多いが、地下に四角く穴を掘り、その内側の壁に沿って部屋となる空間をくりぬいたものなどもある。下に穴を掘るタイプは、雨の多い日本では考えられない構造で、さすが、乾燥の激しい山西の建築だと感心する。

窯洞は見かけこそ素朴だが、住民たちは「冬は暖かく夏は涼しいから、快適だよ」と口を揃える。実際、どんなに日差しがきつい日も、中に入るとひんやりとした冷気に包まれるし、寒い冬でも、中は外よりだいぶ暖かい。洞穴式だと説明すると、かなり原始的な住居であるかのようだが、李家山村の窯洞には縦横にいくつも部屋を連ねた豪邸のような家もあり、欄間の木の格子などにも、しばしば意匠が凝らされている。

それもそのはずで、そもそも李家山村ができたのは、かつて磧口に集った富商のうち、家財道具を揃えて定住生活を営みたくなった者が、ここに長者屋敷を構えたからだという。そんな彼らにとって、李家山村の交通の不便さは、財産を守るのに好都合だっただろう。

窯洞と呼ばれる民家が並ぶ李家山村。その昔は東と西で二人の富豪が富を競った

だが現在の村人たちの生活は富商の栄華とは程遠い、質素なものだ。水は数年前まで、三〇分かけて最寄りの泉から運ばれていたという。今は水道があるが、それも冬は凍ってしまう。泊まった民宿でも、トイレは敷地の外の汲み取り式で、シャワーは近所の住民と共同で使っていた。

驚いたのは、そんな現代的とは決して言えない環境でありながら、宿でＷｉ-Ｆｉが使えたことだ。旅行者の要望が高いからだろう、と思っていたら、帰り際に宿の主人が、「インターネットでぜひうちの宿を推薦してね」と言った。

繁栄を支えたキャラバンが消え、最寄りの鉄道駅との交通も不便で、政府主導の観光開発も資金不足という情況の中、頼みの綱はインターネット上の書き込みが、新たな旅人を誘ってくれることなのだろう。私はふと、「Ｗｉ-Ｆｉが使えるよ」と言った時の、主人の嬉しげな表情の意味が、分かったような気がした。

3
ラクダたちの鈴の音

北京市門頭溝区模式口、三家店

石炭を首都へ

磧口で耳にした鈴の音は、ユーラシア大陸の各地を結ぶ、長い長い交易路の通奏低音でもあったはずだ。ラクダたちはカランカランと音を立てながら、都市と都市の間を行き交った。運ばれたのは、決して絹や茶葉などの贅沢品や嗜好品ばかりではない。都市生活に不可欠なエネルギーの運搬も、彼らは担った。

元代以降、七〇〇年以上にわたって首都が置かれた北京は、絶えず膨大な量のエネルギーを必要とした都市でもあった。その需要を強力に支えたのが、北京の西部、現在の門頭溝区（メントウゴウチュー）や房山区（ファンシャンチュー）などで産出された石炭だ。

その昔、とくにガスも電気もなかった時代、石炭は厳しい冬を越したり煮炊きをしたりするのに不可欠な燃料として、人々に重宝された。

だが鉄道が開通するまで、大量の石炭を都市部に安定的に供給するのは、今よりずっと難しい課題だった。そんな時代に大きな役割を果たしたのが、「京西古道（ジンシーグーダオ）」を行き交ったラクダの隊商だ。「京西古道」とは北京の西部と中国の西北部をつないだ幾本もの道の総称で、軍用や参拝用の道なども含まれる。

「京西古道」は枝分かれしつつ、現在の北京市門頭溝区全体に広がっており、その全容をつかむのは難しい。だが、模式口（モーシーコウ）や三家店（サンジアディエン）と呼ばれている一帯を歩けば、この道が通商の道として栄えた時代の名残を十分に感じ取ることができる。

石炭に頼る住民

永定河のほとりに位置する三家店は、明清時代、多くの街道が交わる貨物集散地として栄えた。かつて、その目抜き通りには石炭で財を成した富商たちが建てた美しい四合院建築（一つの中庭を四つの平屋が囲む伝統建築）や石炭の保管所などが軒を連ねた。

現在の三家店はひっそりとしていて、豪商の往来などとはあまり縁がなさそうに見える。

三家店の街並み。手前にある竜王廟は明代創建の古刹だが、
縁日以外は閉まっている

だが、残された建物の様子から当時の繁栄ぶりを想像することは、十分可能だ。印象に残ったのはY字路に建つ「白衣庵」の静かな門構えで、その門の脇には「質の悪い石炭の使用は厳禁」という標語があった。それは、多くの中国の農村と同じく、各家庭がまだ石炭、正確には「蜂窩媒」と呼ばれるハチの巣練炭で暖をとったり煮炊きしたりしていることを表している。現在、北京の中心部では、集中暖房や電気で蓄熱するタイプの暖房が主流だが、良くも悪くもここではまだ、人々の生活と石炭とは直接深い縁で結ばれているようだった。

道沿いでは、何百年もの樹齢を誇る古木がいかにも古街道らしい趣きを醸し出している一方で、一九四九年の新中国の成立後に現れた国営の商店の建物なども残っている。

中国の国営商店で印象的なのは、そのカウンターだ。品物の多くが細長いカウンターの後ろにあり、店員に頼まないと手に取って見ることができなかった。私が初めて中国を訪れた九〇年代前半には、まだそのようなスタイルの店がたくさん残っていたし、店員もまだまだ無愛想で、目の前に欲しい品物が見えていても「没有（メイヨー）（『ないよ』と言う意味）」と言われ、焦ったりした。さすがに今はだいぶ変わり、物を買うのも楽になったが、反対に過度なコスト削減と利益追求の結果、偽物や「安かろう悪かろう」という商品も増えている。そんななか、中国の商業史の一幕として、あの計画経済の遺風が残っていた頃を振り返ると、当時の「利益度外視」ぶりがちょっと懐かしく感じられたりもする。

もちろん、今の三家店の店員のサービスはかつてよりずっといい。だが三家店は、行政区画上は日夜発展の著しい北京市にあるだけに、その時が止まったような店の外観は、格別に物珍しく感じられた。

ラクダと市場の街

一方、三家店から東南へ五キロ余ほど行った場所にある模式口も、かつては西域と北京の間を行きかう隊商のラクダの鈴の音が絶えなかったという旧街道町だ。研ぎ石を指す「磨石」の生産で有名だったため、かつては「磨石口」と呼ばれていたのが、音が近い現在の地名になった。模式口は同時にラクダの産地としても有名で、ラクダの隊商用の宿などもあった。文豪、老舎の名作『駱駝の祥子』にも、主人公がここでラクダを三頭盗むくだりがある。中心となる模式口大街付近には、六世紀にわたるその歴史が生んだ名所旧跡が点在している。そのため、三家店と同じく近年、専門家らによってその文化財的価値が評価され、歴史文化保護区に指定された。

重い石炭を背負って長い距離を辛抱強く歩くラクダは、「煤駱駝」、つまり石炭ラクダとも呼ばれ、重宝された。ラクダは石炭以外の燃料や建材、果物などの運搬にも活躍し、北京では一九五〇年代までその姿が見られたという。

もちろん、今の模式口にラクダの姿はない。だが、かつて交易で栄えた頃の街の記憶を受け継ぐかのように、二〇一七年頃まで、毎朝ここには朝市が立ち、驚くほど多くの人が集まっていた。

ある日、川のように流れて行く人の波を追いつつ、角を折れると、道の両脇が野菜や果物、衣服、日用品などの露店でぎっしりと埋まっていた。とくに珍しい品があるわけではないが、露天のすがすがしさが縁日気分を誘った。

前を歩くおじいさんが隣のおばあさんに、「何も買う必要はないと思っていたのに、つい色々と買ってしまったよ」と言うのが、ふと耳に入る。いかにも市場の賑やかさを楽しんでいるような声だった。

あるニュースによれば、この市場はその後、伝統的な景観の整備のため、閉鎖されたそうだ。どうやら交易の街ならではの遺風は、「伝統」とは見なされなかったようだ。

かつて太行山の支脈、西山を越えてやってきた隊商は、ここ模式口に到ると北京に無事着けるという安心感を覚えたという。ここから東には山がなく、北京城まで比較的平坦な道が続くからだ。石炭を届けられた側には、運搬夫らを家でもてなし、ねぎらう文化も根づいていた。

大気汚染に悩む近年の北京では、化石燃料は、悪玉の筆頭に挙げられている。だが石炭が首都の人々の生活を七〇〇年以上にわたって支え続けたことを思えば、その交易や運搬の歴史まで忘れ去ってしまうのはもったいない。危険と隣り合わせで採掘をした炭鉱労働者や、苦労しつつも貧しい暮らしを強いられた運搬夫、そして重い荷を黙々と運んだラクダたちも浮かばれないだろう。

静かにたたずむ古い壁画

模式口にはこの他、氷河時代に氷の動きが岩に残した傷の跡が見られる「氷川遺跡陳列館」や、明代の宦官、田義の墓、そして古刹、法海寺など見どころが多い。中でも「北京の敦煌」と言われるほどの美しさを誇る法海寺の壁画は、この地に残る仏教文化の豊かさを雄弁に物語っている。

古刹「法海寺」は、主な街道から山へと続く上り坂の先にある。境内の奥に進むと、大殿の仏像を囲む広く高い壁を、明代の壁画がびっしりと埋めている。うす暗い堂内を懐中電灯でこわごわと照らしながら鑑賞しなければならないが、お寺の人の話によれば、まさにこの闇こそが紅衛兵からこの壁画を守ったのだという。

法海寺では、新中国ができてから文化大革命まで、建物こそ学校に転用されても、壁画は守られていた。文革が始まると、紅衛兵が壁画を壊そうと乗り込んできたが、長年、殿内の明かりはろうそくのみに頼っていたので、殿内の壁の下半分はその煤煙のため、黒くくすんでいた。そのため、紅衛兵たちは、壁画に金箔が多用されていることには気づかなかった。しかも当時は、呉さんという学校の用務員がいて、斧を振り上げ、命がけで壁画を守ろうとした。その迫力を前にして、紅衛兵らは壊さずに去っていったという。ちなみに、この呉さんはそれから二〇年以上、体が動かなくなるまでボランティアでこの壁画の保護を続けたそうだ。

そんな知られざる保護の歴史に感心しつつ、ふたたび懐中電灯の光を向けると、ほのかに浮かび上がったのは、霊獣の獣毛の一本一本までが精緻に描かれた壁いっぱいの仏画だった。一見、暗いと不便なようだが、斜めに光を照らすと厚めに塗られた絵具の凹凸が分かるなど、暗闇ならではの絵の楽しみ方もできる。優美な筆遣いで丹誠を込めて描かれた飛天や菩薩、そして帝釈天や韋駄天などの仏神たちは、五七〇年の年月を経て、さらに貫禄と輝きを増しているように見えた。

法海寺と主な街道をつなぐ道は、もともとは放牧されているヤギの群れなども現れるような長閑さだったが、その後いくらか、観光のための整備が進んだ。その結果、法海寺の壁画の拝観料も二〇元（三三〇円前後）から一〇〇元（一六〇〇円前後）に跳ね上がった。壁画の貴重さや充実度からすれば分からなくもないが、時代の変化も強く感じる。

良い宦官の墓

北京の郊外に残る遺跡には、宮廷関係と結びつきが強いものが多い。法海寺も、建立は宦官の李童の発願によるもので、壁画を描いたのも一五人の宮廷画家たちだった。もう一つの見どころである田義の墓でも、広い墓穴に眠っているのは、明の嘉靖から万暦年間、つまり一六世紀後半の頃に宮廷で活躍した宦官だ。

宦官といえば古来、とくに明代の王振や魏忠堅など、皇帝の寵愛を笠に着て国を滅亡へと導いた悪徳宦官ばかりが有名だが、田義は珍しく「善良」な宦官だったようだ。後世の言い伝えによれば、忠義心が厚く寡黙で、無辜の者を救うことに力を尽くし、大事なことの判断を公正に行うなど、大臣の気風を備えていたという。そもそも、宦官で墓が残っている例は珍しいので、今も墓があること自体が、彼が皇室内外の人々に尊敬された証だ。宮廷を牛耳ったとさえいわれる明代の宦官の中で、墓が大切に保護されてきたのは、彼以外では南洋への大遠征で知られる鄭和や明朝の最後の皇帝である崇禎帝とともに殉死した王承恩くらいではないだろうか。

田義の墓の敷地には世界で唯一とされる宦官文化の博物館があり、近年整備されて以前よりさらに立派になった。ここでは宦官になるための手術などについても、実に詳細に生々しく解説されている。激痛を伴う手術の後は三日間水が飲めず、その挙句「しわが増え、声が鋭くなり、髭が落ちた」という悲しき宦官志願者たち。史上最後とされる宦官は一九九六年まで存命だったというから、その歴史はそれほど遠い昔に終わったのではない。

4

城壁に守られた宿場町

河北省懐来県鶏鳴駅

馬も人もひと休み

宿場町は、いわば旅人の町だ。北京から北西へと、鈍行列車やバスを三時間半ほど乗り継いだところにある鶏鳴駅（ジーミンイー）は、そんな宿場町の旅情を今に伝えている。

高速道路を下り、国道一一〇号を数分走ると、いきなり大きな土の壁が目に飛び込んでくる。鶏鳴駅の城壁だ。

中国語の「駅（驛）」は、その昔文書などを騎馬で配達する際、馬を乗り継いだり休憩したりする場所として設けられた宿場町を意味する。今でも中国各地に「駅」を用いた地名は数多く残っているが、昔日の姿をとどめるところは数えるほどしかない。「鶏鳴駅」

はその中でも規模が一番大きく、今でも昔日の姿をうかがい知ることができる希少な街だ。

八〇〇年前の元の時代に誕生し、明の永楽帝の時代に整備された鶏鳴駅は、明清時代には大同に向かう重要な中継地点となり、通信や交通の要としても繁栄した。雄大な城壁に囲まれ、宿屋や役所や寺院、さらには芝居の舞台まで備えていた鶏鳴駅は、中華民国期の北京政府による郵便制度設立とともに、一九一三年にその役割を終えるまで、北方で最も設備の整った宿場町だった。

街を取り囲む四方の壁も、ここまで完璧な形で残っているのは貴重で、東側と西側の城門楼からは城壁の上に登ることもできる。

かつて「鶏鳴駅」には八つの古寺・廟があったというが、文化大革命などで破壊され、ほとんどは荒れるに任されている状態らしい。そのうち、現地の人の話では一番保存状態が良いという「秦山廟」に行ってみた。

代々この廟の管理をしているというおじさんに鍵を開けてもらい、中を見せてもらう。三〇〇年はくだらないという年月を経ているにもかかわらず、壁画に描かれている女神は匂いたつように美しい。そのほか壁画には「子宝成就」や「立身出世」など、今も昔も変わらない人々の願いを反映した絵画が色鮮やかに描かれていた。その精美な筆づかいからは、かつて鶏鳴駅が具えていた交通上の利便性がさまざまな才能を呼び寄せ、高い文化を育んだことが伝わってきた。

一方、農村ならではの風情も鶏鳴駅の大きな魅力だ。春になると民家の中庭にはさまざまな野菜が植えられ、城壁の外には広大なトウモロコシ畑が広がる。秋にはトウモロコシの実の山が金色に輝いてまぶしい。厳寒の季節には、床にレンガを積み上げて造ったベッドを内側から温めるタイプの暖炉、「炕」の温もりが興を添える。

西太后伝説を語り継ぐ

冬の足音が聞こえる晩、先祖代々この鎮に住む馬さんの家に宿を求めた。馬さんは、村にまつわる逸話をあれこれ語ってくれた。温かい部屋で素朴な手料理を囲んで聴く昔語りは、じつに味わい深かった。

かつて貴賤さまざまな人物が訪れた鶏鳴駅だが、もっとも有名なのはやはり、八カ国連合軍の北京進駐のさい、この地を経由して西安へと逃げた西太后（慈禧太后）だ。だが、西太后が鶏鳴駅を訪れた時、文官たちはみな戦乱を恐れて鎮から逃げ出していた。最終的に西太后を迎えたのは、職務上、この地を離れられなかった賀という姓の武官のみ。そのねんごろな接待に感激した西太后は、賀家の者に食事を振舞った。

馬さんは生き生きとした口調で語った。「アワの粥と卵だけどね。そりゃみんな感激したさ。西太后も同じものを食べたんだから」

だが、帰途にふたたび鶏鳴駅を通った時、西太后は賀家の者が現れても知らんぷりをした。賀家の者が当時下賜された時計を見せたところ、西太后はやっとその功績を認め、賀家の息子を山西省のとある県の役人に登用した。

「だがせっかく出世したのに、そいつはある讒言を真に受けて、無辜の未亡人に姦通の濡れ衣を着せてしまったのさ」と馬さん。

未亡人が切腹によって「自分の腹に不義の子がいないこと」を証明したため、役人は清朝の法律によって死刑の宣告を受けた。だが、刑が重すぎると感じた裁判官は役人を鶏鳴駅近くの黒風峪口に送りこんだ。黒風峪口は当時、他の土地の者にとっては「一度入ったら生きて戻れない谷間」だった。

「でも役人は鶏鳴駅育ち。だから家に帰るのは簡単だったのさ」と馬さんは笑った。

話のミソは西太后の薄情さと未亡人の意地、そして役人を救った裁判官の機転だ。だが強風の吹き荒れる晩にその話を聴いた私は、むしろ黒風峪口の荒涼とした風景に想像を馳せ、思わず身震いした。

日本兵も伝説に

翌日、城門をくぐり、町を少し歩いてみた。かつては土ぼこりのたつ道を、荷馬車を引いたロバがのんびりと歩いていたが、数年後の二〇一五年に訪れた時の鶏鳴駅は、観光客を迎えるための修復や整備がだいぶ進み、塑像なども置かれ、少しよそ行きの顔になっていた。清朝以前に建てられた建物が数多く残り、そこに今も人が住んでいるのは同じだが、建物の現状維持を優先した結果、住民の城外への移住が加速したらしく、通りは以前よりがらんとした様子だ。

城壁近くではまだまだニワトリが庭を闊歩し、ロバも飼われていたものの、人気は少なく、車の騒音も全くない。城壁に登り、ぐるりと古鎮を一周してみても、ほとんど人の姿を見かけなかった。

城壁の外に目を向けると、白樺の林の中を鉄道が走っているのが見えた。まるで終わりがないかと思われるほど長い長い貨車の行列が、目の前を走っていく。しかし、今もこの町の近くに列車の駅はない。

私はふと、「発展」や「繁栄」はもちろん、「時間」さえもがこの町を通り過ぎようとして

避難中の西太后が泊まった部屋。
ベッドは下から温める「炕」と呼ばれるスタイル

いるのでは、と感じた。

だがなかば「静止」しているかのような世界では、建物や街並みはゆっくりと眺められる。城壁を下り、路地に入り込むと、まるでタイムスリップしたかのような気分になった。昔はさぞ豊かであっただろうと思われる四合院造りの家の「照壁（目隠し壁）」は華麗なレリーフで彩られ、何げなく道の傍らを見ると、崩れかけた家から一抱えもあるような太い梁がのぞいている。

昨晩の伝説に出てきた、西太后が北京から逃げ出した時に一夜の宿をとったという民家も見つかった。西太后が寝た部屋に入らせてもらうと、驚くほど小さな部屋だったが、もともと北方の家屋の寝室は小さめのものが多い。面積が小さいほうが、冬の暖房の効率がいいからだ。

村には、戦時中の日本軍にまつわる話も伝わっている。

城壁にはもともと東西の門の他に、北にも門があったが、長らく壁の中に埋められていた。住民さえも存在を知らずにいたこの門を発掘したのは、この地に来た日本軍だった。門のレンガには、「この門を開ける時は、必ず『本人』が来なくてはならない」と刻まれていたが、軍の指揮官はその『本人』は『日本人』のことだと勝手に解釈し、そのまま壁の向こう側まで掘り進めたという。

この話も、先ほどの「お白洲モノ」と同じく、難所を切り抜けるための機知を含んでいて、まるでとんち話だ。古鎮巡りでは、昔を知る住民から戦時中の日本軍の悪行を語られ、肩身の狭い思いをすることも少なくない。だが時には、こんな冗談のような話も耳にする。

つい話の真偽を確かめたくなるが、それは野暮というものだろう。旅人に聞かせる伝説だから、多少の脚色などサービスの内。その謎めいた感じを楽しむのも、旅の一興だ。

2章

埠頭でつながる港町

アクセス

上津（上津）

「上海駅（上海站）」でK 1156号の列車に乗り、「十堰（十堰）」で下車。さらに5番バスに乗り換え、「三堰バスターミナル（三堰客运中心、またの名を十堰客运中心站）」で下車。ここから朝7時に上津行きの直通バスが出ている。または、バスで「郧西（郧西）」まで行き、「上津（上津）」行きのバスに乗り換えることもできる。

帰陽（归阳）

「北京西駅（北京西站）」でG67号の列車に乗り、「耒陽西（耒阳西）」で下車。1番バスに乗るか、タクシーで「灶市バスターミナル（灶市汽车客运站）」へ。ここから6:30から17:30の間、30分間隔で出ている「長寧（长宁）」行きのバスに乗り、終点の「長寧（长宁）バスターミナル（长宁汽车站）」で下車。さらに「帰陽（归阳）」行きのバスに乗り換える。

景徳鎮（景德镇）

◆ **北京から**　「北京駅（北京站）」でK645号の列車に乗り、「景徳鎮駅（景德镇站）」で下車、25番バスで「広場南路（广场南路）」まで行き、徒歩で「国貿陶磁市場（国贸陶瓷市场）」へ。

◆ **上海から**　「上海虹橋駅（上海虹桥站）」でG1393号の列車に乗り、「景徳鎮北駅（景德镇北站）」で下車、913番バスで「広場南路（广场南路）」まで行き、徒歩で「国貿陶磁市場（国贸陶瓷市场）」へ。

下浩老街（下浩老街）

「上海駅（上海站）」でD 952号の列車に乗り、「重慶北駅（重庆北站）」で下車、「重慶北駅南広場（重庆北站南广场）」より地下鉄3号線で「紅旗河溝駅（红旗河沟站）」まで行き、6号線に乗り換えて「上新街（上新街）」で下車。駅から徒歩5分。

1
今も残る助けあいの伝統

湖北省十堰市鄖西県上津鎮

長安への玄関口

上(シャン)津(ジン)という名は、「岸に上がる」という意味をもつ。唐の時代、首都長安(現在の西安)には多くの人や物資が集まった。長安の東南二〇〇キロ余の地点に位置していた上津は、南方と長安を結ぶ街道の要衝で、水路を経て上津に陸揚げされた物資は、ここから最終的に陸路で長安に運ばれた。唐の玄宗皇帝の寵妃、楊貴妃はライチを好んだことで知られるが、そのライチが南方からはるばると運ばれた際も、この上津で川から陸に上がった。明清時代にはその波止場の範囲は金銭河の河岸一キロに及び、河岸から上津城の城壁までは、一二〇段の階段があったといわれている。

当時、ひとたび舟が川辺に着くと、宿場の人々や、用心棒、運搬夫などは争うようにして商売をした。一つの土地の出身者だけが商売を独り占めしないよう、物資は一気には運送されず、荷役夫の出身地ごとに運搬の方法を変えて運ばれた。例えば、鎮安出身の者が背負って運んだとしたら、次は洛南の者が天秤で担ぐといった形で、リレーのようにして西安まで運ばれたという。今でいうワークシェアリングで、確かにこの方法だと、多くの荷役夫が就業の機会と利益を得られる。管理する側も、既得権を握る勢力が分散されて安心であるだけでなく、上納金も多方面から競うように入り、懐が潤ったことだろう。だが、運搬を依頼する側の運賃の負担は、けっこうたいへんだったかもしれない。

時代が下り、鉄道やトラックでの輸送が発達すると、上津は輸送ルートの要としての役割を失った。かつての繁栄も今は昔。今では波止場の跡さえ見つからない。

現在の上津を歩くと、城門からかつて波止場があった場所へと向かう、わりと繁華な場所に、わざわざ無人郵便局のロッカーが設置してある。荷物を郵送する時はロッカーに預け、受け取る時もロッカーで先にあずかっておいてもらうというシステムのようだ。それまで一度も目にしたことがなく、世界的にもまだ珍しいはずのこの無人郵便局がここにあることに、私は上津人の誇りを感じた。たとえ運送ルートの要としての栄光は失っても、郵便業務はおろそかにはしない、という矜持を。

その昔、上津から今の西安に至る街道は、美女街道としても名を馳せたそうだ。首都が長安にあった頃、長江の南から後宮に送り込まれる女性は、たいていこの上津を通ったからだ。中には宮廷に入るのを嫌がり、隙を見て近くの森に逃げ込んだり、官兵と仲良くなって駆け落ちしたりしたケースもあったという。

唐の玄宗も、後宮に入れる者を選ぶため、上津経由で女性三〇〇〇人を長安に集めさせた。だが、ちょうどその直後に安史の乱（安禄山の乱）が起こったため、都を逃れた三〇〇〇人は、上津へと逆戻りし、四散したという。

そういった伝説を念頭に置きつつ上津の女性を眺めてみると、確かに切れ長で少し垂れた目の、古典的で上品な顔だちの人が多いように感じられた。

折衷様式の長閑な教会

三国時代に曹操が中原地方を守るための軍事的要衝として鎮を設けて以来、上津には繰り返し、県、郡、州などの行政の中心が置かれてきた。そんな上津の一番の見どころといえばやはり、旧市街をぐるりと取り囲んでいる城壁の威容だ。元代に土を突き固めて造られた城

上津城内の五街。右にあるのは1947年から
1年間だけ存在した行政区画、上関県の役所だったところ

壁は、明代にレンガで築き直され、清代以降も何度か修復されて今に至る。東西南北に四つの門を持ち、城壁の全長は一・二四キロ。壁の高さは七メートルに及ぶため、戦争や匪賊だけでなく、川の氾濫などからも人や物資を十分に守れそうだ。

この城壁の北門と南門を結んでいるのが全長二八八メートル弱の「五街」で、観光客向けには「古城老街（古い街の古い通り）」なども呼ばれている。

上津の古城は、城壁の外側こそ、けっこう賑わいがあるが、一歩城内に入ってみると、どこか映画のロケ用のセットのような印象を覚える。とくに平日の昼間などは、開いているお店も人通りも少ない。地元の人に理由を聞くと、「もともと過疎化がひどかったので、

「天主堂」と呼ばれているカソリック教会。
日曜のミサでは多くの信徒が祈りを捧げる

だいぶ前からこんな感じだ」ということだった。

住民たちと雑談をするなかで気づいたのは、上津の清代以前の遺跡には、取り壊されて跡形もなかったり、損壊が激しかったりして、今はもう観られないものが多いということだった。『楊家将演義』の物語で活躍する楊家の兄弟の四人目、楊四郎ゆかりの廟や、円形の上層部をもつユニークな形の劇場なども、失われてしまったという。

じつは城内に残る参観可能な文化財建築の中で唯一、見応えがあったのは、清末に建てられたカソリック教会だった。教会の建物は西洋風で、屋根の上にはマリア像があり、タイルで十字架も組まれている。その一方で、教会の脇には中庭を挟んで四つの建物が向かい合う中国の伝統建築、四合院がある。つまり、中国と西洋のスタイルが折衷されているのだが、その分、気取った感じがないので休憩にふさわしく、とくに中庭の居心地は抜群だった。花壇も控え目ながら美しく、去るのが惜しまれるほど長閑だった。宗教関係の場所では心が落ち着くことが多いが、この教会ではさらに裏庭が畑になっていて、生活感まであった。毎週末、近くの大都市から牧師を呼んでミサを開いているという。

こういった城内の古跡を一通り観た後、少し物足りなかったので、「ほかに何かもっと古いものは残っていますか？」と住民に尋ねると、「もう、あそこにしかない」と骨董屋を指差された。

城壁の上で名人と出会う

「ここは、何もないだろう？　来て、後悔しているんじゃないか」と自嘲する住民に、「いや、けっこう面白いですよ」と、若干の慰めを交えた言葉を返した後、南門から城壁に上ると、あるおばさんが露店で土産物を売りながら、熱心に刺繍をしていた。ちょうど端午の節句の日だったこともあり、縫っていたのは「花兜兜（ホアドウドウ）」と呼ばれる飾り付きのよだれ掛けだ。この地方には、生まれて初めて端午の節句を迎える赤ん坊に、男女を問わず、これを着せる風習があるという。だがもちろん、時間をかけて刺繍したものを実際に赤ん坊に着せるのはもったいないので、現在はおもに飾り用らしい。

おばさんの名前は張さんで、歳は四〇代後半とのことだった。毎年、旧暦の七月七日に上津も属する鄖西県の街中で刺繍の腕を競う「七夕、刺繍娘大会」が行われるため、そこで展示する刺繍を大急ぎで縫っているという。女性だけが競うというのは封建的な気もするが、そもそも中国では古来、七夕の時に女性の裁縫の腕の向上を願う風習があり、その伝統がイベント化されたようだ。

張さんは毎年、その大会に参加しており、去年は入賞して賞金二〇〇〇元を獲得したのだと胸を張る。刺繍の腕だけでなく、図案にもオリジナリティが求められ、同じものは二度と出せないため、図案の考案にも力を入れているらしい。ふだんは下書きをせず、即興で図案を考えて刺繍することが多いため、刺繍が売れた時は同じものがまた作れるよう、大慌てで図案をトレースするのだと言う。

独学の名人

子供の頃から絵が大好きだったという張さんだが、絵も刺繍も技は独学で身につけた。きちんと教育を受けていないため、自分の名前以外の読み書きはほとんどできないそうだが、刺繡の図案が背景にもつ物語はとてもよく知っており、心から刺繡が好きだというのがひしひしと伝わってくる。「記念に」と、手帳に即興で桃の花と蝶の絵を描いてくれた。その大胆で優美な構図は、さすが名人だと感じさせるものだった。

さらに印象的だったのは、絵を描いている間の集中力だ。小雨が降り始めたので、私はレインコートの裾で彼女の頭の上を覆った。それでも彼女の熱意は少しも変わらない。結局、「雨」を少しも言い訳にせず、きっちりと丁寧に描いてくれた。

お礼と称賛の気持ちを込めて、よだれ掛けを一つ買うと、「本当に使ったら汚れてしまう」と心配し、さらに「絶対に人にあげてはだめよ」と念を押された。自分の作品の所在が分からなくなるのが怖いらしい。つまり、「売れれば終わり」ではない、根っからの芸術家肌なのだ。

小雨の中でも熱心に刺繡をする彼女のもとに、小学生くらいの彼女の息子が夕食を運んできた。保守的であろう農村の家庭の女性だが、夕食を作るのは求められていないようだ。その時私は、彼女が「店番が自分には合っている」と言った意味がよく分かった。家のこまごました家事などから逃れ、自分のやりたいことに没頭するには、都合がいいのだろう。そもそも、彼女にとっては刺繡こそが本職なのだ。

彼女は言った。「今はいくら時間があっても、刺繍をする人なんていない。暇があれば麻雀などをしたりするだけ。でも私にはそれは耐えられないの」

復活した古寺

城壁を下りた後、ある住民が、川の向こうに唐代創建の寺があると言うので、訪ねてみた。地元の人に「仏爺洞（仏爺廟）」と呼ばれている、ひなびた感じの寺で、崖沿いに岩窟を利用して建てられているのが面白い。

じつはこの寺の中に入るのには、少し手間がかかった。扉が閉まっていて、叩いても誰も出てこなかったのだ。留守なのだと諦め、手持ちぶさただったので、廟の前の河原に向けて爆竹を放ってみた。来る途中でためしに買ってみたものの、列車やバスなどには持ち込めないことに気づき、持て余していたからだ。すると、その音に驚いたのか、廟守のおばさんが出てきた。やはり広大な中国では、騒音に近いぐらいの音を出さないと物事が解決しないことがある。

中に入ると、廟守のおばさんは、まあ一休みしなさい、と椅子を勧めてくれた。じつは困惑しつつも、とても印象深かったのが、なまりがきついため話がほとんど通じず、筆談も成り立たないこの廟守のおばさんとの交流だった。彼女の話の八割はチンプンカンプンだったので、以下の話は、何度も聞き返し、推測を加えた後、さらに関連論文などを読んで補充したものだ。

少し離れた土地の出身だというおばさんは、自らも信者として、菜食を貫くなどの仏教の戒律を守りつつ、参拝者の世話や廟の掃除を八年続けてきた。もう年なので、階段の掃除だけでもけっこう大変なのだとこぼす。

この寺は、名に「仏」の字を冠しているだけあって、本堂には観音像や釈迦牟尼像を安置しているが、入り口には鎮守の神を祀った城隍廟、および土地神やブタの姿の神様などを安置した廟もあり、中国の他の地方でもよく見かける仏教、道教、儒教の習合が顕著な、いわばマルチ寺院だ。創建後、繰り返し破壊を被っており、解放前には庵が一つ残るばかりだった。文革中にはさらに徹底的な破壊に遇い、すべての仏像、神像、建物が壊されたという。

今の寺は二一世紀に入ってから再建されたものだが、再建の際は多くの人が寄進をした。近年は縁日の活動も盛んで、年に五回ほどの重要な縁日は、それぞれ観音会（二月一九日）、娘娘会（三月三〇日）、佛爺会（四月八日）、二爺会（一〇月一日）、佛爺会（一〇月八日）と呼ばれており、毎回一〇〇〇人以上もの人々が焼香に来るという。もともと周辺にはここ以外にも多くの寺があったが、今はいずれも失われてしまったらしい。そのことも、このお寺に参拝が集中する理由となっているのだろう。

おばさんは、言葉の壁にもめげず、熱心に寺の説明をしながら、一介の参観者に親切にお茶を振舞ってくれ、採れたての果物や漢方薬になる植物を泥つきのまま「ほら、食べてごらん」と差し出してくれた。土がついていても大丈夫だと言う。断りかねて少しかじってみたが、とくにその後、お腹を壊したりはしなかった。飼われている猫が可愛らしく、ちゃんと自分用の椅子に寝そべりながら私たちの会話のお伴をしてくれたのも、どこか「お茶の間」的で、空気を寛いだものにしてくれた。

ブルドーザーが生み出すもの

寺と古城の間の金銭河には現在、村人たちがお金を出し合って建設した新しい吊り橋が架かっている。そばにある碑を見ると、寄付者の名が刻まれていた。寄付額が二〇元であれ、二〇〇〇元であれ、刻まれている名の大きさは同じで、感心する。

かつて金銭河には、土台を築いて木の板を渡しただけの、簡単な橋が架かっていた。だが金銭河は毎年のように氾濫したため、その都度、橋も流されてしまった。つまり、吊り橋の出現は、毎年橋を架け直す面倒を取り除いただけでなく、波止場のあった場所で途切れていた陸の道が、川の反対側へも恒常的に繋がったことを意味する。

対岸の川辺では、ブルドーザーが河岸を削る音が響きわたっていた。建築資材にする土砂を採取するためらしい。その光景は、現在、再建と整備が進む「四街」の風景ともリンクするものだった。上津城の目抜き通りである五街は北門を出ると、四街へと続くのだが、その四街の家々は現在、まったくのがらんどうになっている。もともと四〇軒あった古い屋敷のうち、保存状態の良いものは八軒に過ぎないということで、二〇一四年より、街全体の古民家が改修の対象になっているのだ。改修といっても、ほとんど新たに作り直すのに近く、部分的に古い建材を生かしているに過ぎない。もし、観光地化を強引に進めるのであれば、すでに失われた遺跡なども、このように「作り直されて」いくのだろう。

再建後の五街は、夜市のような場所にするべく新たにテナントを募るのだそうだ。となると、元の住民や借家人はほとんどが戻れないだろう。ほぼ骨組みだけの家に、端午の節句用のヨモギが弱々しく挿してあるのを目にした。元の住民が挿しにきたのに違いない。

そのヨモギと巨大なブルドーザーの落差は、「本当に必要なもの」をつきつめる余裕などなく、ただ強引な「建設」によってしか前に進めない上津の今を、よく表しているように見えた。

2

橋げたに残る仙人の足跡

湖南省衡陽市帰陽鎮

闇の中に沈む街

帰（グイ）陽（ヤン）の旧市街の目抜き通りは、湖南省を代表する河川、湘江に沿って伸びている。市街地全体は湘江へと流れ込む白河によって東西に分けられ、状元橋と呼ばれる橋が両者を結んでいる。地元の住民は古くから、白河の西岸を小河（シャオハー）、東岸を大河（ダーハー）と呼んできたそうだ。

当時の帰陽は、その歴史も取り壊しと再生の「節目」にあったからだろうか、どこか別の世界との「境界」のようなものを感じさせた。今と昔、農村と都市、内と外、そしてこの世とあの世などを隔てる境を。

そもそも、帰陽の旧市街に辿りつくまでの

道も、少し異様なものだった。建材ばかりを扱った巨大市場を通ったのだが、建物は完成しているのにどこもガラガラで、まさにゴーストタウンのようだったからだ。そのため、理由が都市計画の失敗にせよ、不景気にせよ、かなりの空虚感が旧市街の周りに漂っていた。しかも旧市街に到着した後も、多くの住居や店舗はすでに空き家となっているようで、通りにはほとんど人影がない。

川面を見ると、わびしげに舟が漂っていた。正直に言えば、その舟からは、まるで乗ったら最後、人さらいにさらわれてしまいそうな怪しさまでにじみ出ていた。

それでも陽があるうちはまだましで、夜になると人の気配はさらに弱まり、通り沿いの家々は濃い闇に包まれた。その暗さは、電気が普及する前の時代を想像してしまうほどだった。川面も対岸も真っ暗。橋でさえ真っ暗になるので、懐中電灯が不可欠だ。独り歩きは危なそうだし、湘江沿いには柵がないので、泳ぐのが苦手な人なら、なおさら恐怖感に駆られるはずだった。

私は漆のように真っ暗だという意味を表す中国語、「漆黒（チーヘイ）」という言葉を思い浮かべ、「まさに『漆黒』そのものだ」という思いに囚われながら、恐る恐る歩を進めた。すると、闇の中から真っ黒い犬が出てきた。繋がれておらず、犬も夜の散歩者に驚いたのか、けっこう神経質に吠えてくる。犬嫌いだったらまさに悪夢だろうと思いつつ、構うでも構わないでもなくいると、犬の主人らしき人が犬の名を呼んだ。何とその名は「漆黒（チーヘイ）」だった。

私は何だか詩の世界に入り込んだような気持になった。

異界に迷い込む

翌日、ふたたび半ば廃墟のようになった旧市街を歩いた。

じつは私が訪ねた二〇一七年の五月は、旧市街の建物の多くが改修か取り壊しを待つ状態となっていた。だが、清代以前から改革開放後までの、さまざまな時代の痕跡を残す沿道の建物の数々は、その看板や装飾も含め、まだこの一帯が繁華だった頃の名残を留めていた。

市政府の敷地内に残る趙家の祠堂だった建物は、役所としても機能した場所で、清代の名家の繁栄を今に伝えている。かつては最初の院が役所の入り口、第二の院が役所のオフィス、第三の院が裁判の場所、第四の院が牢屋、第五の院が娘娘廟と呼ばれるお廟だったという。付近には忠靖祠や祖師殿という名の祠（ほこら）もあったそうだ。

中国で歴史ある美しい建物の多くが辿った運命と同じく、この建物も毛沢東の時代に没収され、公のものとなった。結果的に建物の大半が失われてしまったのは残念だが、昔の役所の敷地が市政府として使われているわけだから、さいわい建物本来の機能は受け継がれたのだといえる。

人の往来が盛んだった地域だからか、帰陽では沿道の建築のスタイルも雑居的だ。川沿いには川の中に柱を立て、その上に岸からせり出すように住居を築いた「吊脚楼」とよばれるスタイルの建物もある。その一方で、通り側の二階部分が歩道にアーケードのように突き出た建築、「騎楼」は、西洋建築の影響を受けたものだ。建物の間から川辺へと延びる石の階段も、川で洗濯をする住民などに使われており、街の表情に変化と生活感を添えている。

東岸と西岸のうち、まだ多少賑やかさが残っていたのは、東岸の状元橋から湘江沿いの波止場へと続く道だ。家についているプレートから判断すれば、正式な地名は「万福街」だが、地図を見るとなぜか「太平街」となっている。これは実際に万福街の一部が太平街と呼ばれていたことや、ここで棺桶屋が繁盛していることと関係があるのだろう。中国では霊安室のことを「太平間」と呼ぶ。

この通り沿いのいくつもの棺桶屋で制作、販売されている棺桶はじつに豪快なものだった。通常のように底と四方に板を張り合わせるのではなく、いくつかの丸太を寄木のように張り合わせて束にし、そこに遺体を安置するための穴をくり抜く、というタイプだったのだ。かなり贅沢に木材を使った、かなり高価であるはずのこういった棺桶を注文する人がいるということも驚きだった。そもそも、火葬の普及が進められている中国では、立派な棺桶を造るのは規定を無視してでも昔ながらの土葬にこだわる、農村の保守的な人々ぐらいだろう。こういう風景を見る時、良くも悪くも太古の昔から中国の大地に根を張ってきた因習の抗しがたい引力を感じる。

岐路に立つ街

棺桶屋以外にも、旧市街で細々と営まれている商いには、街の歴史を感じさせるものが多い。床屋や薬局をはじめ、小さな舟で伝統的な漁業を営む家、唐代以来続く手法で編んだむしろを売る店、手づくりの編み笠を売る露店、そして地酒を醸造して売る店や天秤型のはかりを売る店など、手づくりの商売がまだまだ命脈を保っているのだ。地元の住民の話では、街は再開発を目前にしているため、新しい店を開くのはもう許可されないという。

沿道の民家の中には、元の建物のすばらしさは分かるものの、修復程度では住めないほど荒れているものもあった。「あの家にはもう人は住まないの?」と付近の人に尋ねると、「あんな家にどうやって住めというんだ」という答えが返ってきた。それはそうだと思いながらも、「そうなるまで放っておいたのは、なぜ?」という気持ちに駆られた。やはり価値を知らないか、知っていても守る手段がなく、立ち退く際の補償金を受け取るので精いっぱい

帰陽の目抜き通り。中国の南方に多く残る
「騎楼」と呼ばれる建築様式の家が目立つ

だったからに違いない。もっとも、支払われた補償金はかなり少なかったようで、「政府はひどい」と本音をポロリともらす住民にも出会った。

街並みについては、本来ならすべて壊してしまう予定だったが許可が下りず、観光地化が成功した例と見なされている「鳳凰」古鎮をモデルにすることになったという。つまり、残せる建物は残すが、修復できないものはいちど壊してから統一的な風格の建物を建てるというスタイルに倣うのだ。予算は半分は国から、半分は現地政府から出る予定で、プランさえ許可されれば、予算が下りるとのことだった。

だが、住民の中には景観の保護と復原に懐疑的な人もいた。

1960年代に建てられた大会堂の遺構。文革中はここで
集会が開かれた。今は工場に転用されている

子供が北京の名門、清華大で数学を学んでいるというおばさんも、そんな「懐疑派」の一人だった。私が「保護すべきでは？」と問いかけると、「無理よ」と一蹴。そもそも、今の通りも新しく舗装されたもので、彼女が子供の頃はつるつるの青石が敷き詰められていたという。青石はここから二〇キロほどのところにある採石場から運ばれたのだと語り、「今はこんな風に掘り起こされちゃって」とその喪失を惜しんでいた。そんな変化の過程をよく知る住民にとっては、そもそも今の帰陽の景観も昔とは似も寄らぬもので、原状の回復など夢物語に過ぎないのかもしれない。

仙人伝説を語り継ぐ

老街の端の、白河が湘江と合流する地点にある状元橋は街の目玉だ。だが、この橋についても、街の人々は「昔の方が良かった」と口を揃える。そもそもこの橋は戦中に日本の爆撃を受け、景色を見るために設けられていた二階部分を失っている。それでも近年、「あれこれ上に余計なものをくっつけて、敷石の青石も一部敷き替えてしまう」ような過度の修復が行われるまでは、この橋はもっとずっと美しかったという。昔は扁額もあったそうだが、今は残っていない。現在、この橋で昔の趣きを残しているのは橋脚と橋げたの部分だけだ。

この橋をめぐっては以下のような伝説がある。橋を造る時、村人一〇〇人が協力したが、皆が一緒に食事をする時には、なぜか九九人しか集まらなかった。そこで、橋が順調に出来上がると、人々は、食事に来なかった一人は仙人で、その助けがあったからこそ順調に完成したのだと言い伝えた。橋の上には今も足型のような窪みがあり、それを人々は、「仙人が天に飛び去った時の足跡だ」と語り伝えている。

この伝説はとても人気があるらしく、街で出会った人のほとんど誰もが、「知ってるか？」と嬉しそうにこの伝説を語ってくれた。しかも人によっては、仙人が来たのは「宴会の時だけ」と語る人もいる。そうなると、仙人が「縁の下の力持ちだが、食事だけは逃さないちゃっかりタイプ」のように見えてきてしまう。意図せぬパロディというのも味があって面白い。

この伝説に説得力があったのは、無数の大きな石を積み上げねば出来上がらない橋をいったいどのようにして建てたのか、不思議に思う人が絶えなかったからだろう。仙人が助けたとでも考えねば納得がいかない、というわけだ。もっとも、そこまで大活躍した仙人も、橋に名をつける段になると、影をひそめてしまう。

状元橋の名の由来は、橋の完成後間もなく、科挙の主席合格者である「状元」がこの橋を通りかかったことに由来する。伝説では、橋を造った大工が彼を試そうと対句を作るよう求めると、状元は実に見事な対句を作って返したので、人々はその対句を橋げたに刻み、名の由来を石碑に刻んだのだという。

ちなみに、帰陽では先述のように、街のシンボルである状元橋が日本軍の爆撃を受けているわけだが、私個人は帰陽の人々の反日的な感情を目の当たりにするようなことはなく、むしろ心温まる体験をした。ある店を訪れた時のこと。店番のおじいさんは、私が日本から来たと知ってからも、腰かけに座って休むよう勧めてくれた。また、あるホテルのオーナーからは、「畳を使った和室があるので、ぜひ今度泊まってみて」と言われ、びっくりした。帰

旧市街の東西を結ぶ状元橋。仙人伝説で知られ、今も仙人の足跡とされる窪みが残る

陽で生まれ育ったというそのオーナーは、広東でのホテル経営に成功した後も故郷に未練があり、老後の暮らしのためにここに小さなホテルを開いたとのことだった。

パトカー到着騒動

とはいえ、再開発問題で揺らぐ小さな町ゆえの閉鎖性もないわけではなかった。市場周辺で、小さな造り酒屋を見学させてもらった後のこと。見知らぬおじさんに突然、「お前らここで何をしている？　誰だ？　身分証（身分証明書）を出せ」と言われた。そこでこちらから逆に、「そういうあなたは誰？　身分証見せてよ」と言っても、答えない。「あんたが答えないなら、私たちも答えないよ」と返すと、「なら警察を呼ぶぞ」と言うので、「呼んだら？」と返した。すると、しばらくして本当にパトカーが来た。職務質問をするためのようだ。

そうなると、とにかく警察を怖がるようなことはしていない点をアピールせねばならない。パスポートの提示を求められるが、あたりは野次馬だらけで、どんな対日感情を持つ人が混じっているかもわからなかった。そんな状況で日本のパスポートを提示するのは怖い。私は「ホテルにある」と嘘をついた。すると私の足が悪いことに気づいた警官が、ホテルまでパトカーで一緒に行こうと言った。私が「おお！　パトカーに乗れる機会なんてめったにないよ。帰陽観光のオプションだね」と言うと、周りがどっと沸いた。ここはユーモアが大事だ。

私は、警官とともにパトカーの方へ歩きかけ、野次馬たちの輪の中心から少し離れたところで、「実は私の国籍はちょっとセンシティブだったので」と言いつつ日本のパスポートを見せた。「さっきの人は信頼できなかったですが、公安の方の印象は悪くありませんから」と言い添える。一種のおべっかだが、実際、泣く子も黙る中国の公安とはいえ、現場で働いている人たちの中には、素朴で信頼のおける人も多い。ここで一番大事なのは、きちんとさっきの人の横暴ぶりと「いかがわしく見える」点をアピールし、再発防止に努めることだ。

ただ、この事件が呼んだおまけがある。公安に怪しがられた私たちを、現地の問題を報道する記者だと勘違いした住民がこっそり、「報道するならトイレ問題よ！」と言ったのだ。

どういうことかと聞いてみると、市場の公衆トイレがとても不衛生で、使うのもはばかられるレベルだという。どうも、清掃員を雇う予算がないらしい。

そんな環境で商売をしている彼らにとっては、帰陽が旅する価値のない場所に見えたのも無理のないことだった。「記者などではなく、旅行に来たのだ」と私が説明すると、彼らは「なぜこんなところに来たの？」と口を揃えて不思議がった。

頑固に渡し守

もっとも、帰陽には波止場町としての長い長い繁栄の時代があったことも忘れてはならない。地元の人によれば、今の「街の賑わい」は、たった三〇年前と比べても「遠く及ばない」そうだ。没落のおもなきっかけは、近くに新しい自動車道路ができ、輸送の機能がそちらに移ったことだった。

発展が遅れたり、不均衡だったりする地方の都市や農村ではよくあることだが、帰陽でも家々の壁などに毛沢東の肖像が目立った。それはあたかも、この街の政治環境が半世紀前から変わっていないかのような錯覚をもたらすが、もちろん実際は急激な変化に人々の意識がついていけていないのだ。

一方、この地に蓄積されてきた伝統文化は、さらに大きなタイムスパンで人々の暮らしの中に息づいていた。例えば帰陽では、ただ気ままに歩いているだけで、書道を鑑賞することができた。通りからすぐ見える場所で書道をしているおじさんがいて、すぐそばの壁には、おじさんが書いたという美しい書がたくさん掛けられていたりするのだ。通りの奥へと歩を進めると、街並みの風情と呼応するように、伝統的な弦楽器、板胡の哀愁を帯びた音も聞こえてきた。

中国のあちこちで消えつつある水運が、ここではまだちゃんと機能していることも、街の時間の流れをゆったりとしたものにしている。

街の北東の端にある埠頭は、かってはかなりの繁栄を誇ったといわれ、今も渡し船が毎日出ている。ある船頭によれば、五分ほどで着く対岸との間を一日五〇回くらい往復しているそうで、運賃はなんと片道一元（約一六円）。「損をしても、なくては困る人がいるので運航する」と言う。ちなみに、遠方から片道二時間かけて来る舟でも運賃は四元（約六四円）なのだとか。周辺にわざわざ舟で行くほどの見どころはなさそうだが、市が立つ午前中には、対岸のあちこちから何艘もの舟が帰陽に集まって来るため、ちょっとした迫力がある。アンペラ舟で伝統的な漁民生活をしている人たちは、獲りたての魚を川沿いに住む買い手の元まで直接運んだりもしていた。

埠頭の近くでは、この地の歴史を見守ってきた樹齢五〇〇年を超える古樹が枝を広げていた。渡し船と付近の市場が太古の昔から互いを支えあってきたように、きっとこの木も人々に守られつつ、自らも日除け、雨避け、そして埠頭の目印などとして、人々の役に立ってきたのだろう。その堂々とした姿に、私は自然と人の営みの豊かな共存を感じ、心が和んだ。

3

溝に刻まれた磁都の繁栄

江西省景徳鎮市

磁器貿易の出発点

古来、磁器の都として知られる景徳鎮（ジンデージェン）。

この街は私にとってずっと、訪れてみたいようなそうでないようなところだった。陶磁器が好きなだけに、期待を裏切られるのが怖かったからだ。そもそも何年も前から、景徳鎮を訪れた友人たちの「今は変わった」「期待していたような陶磁器は見つからなかった」などという感想を耳にしていた。実際、宮廷への献上品を造っていた時代はもちろんのこと、国営工場が大量の陶工を抱えてフル稼働していた時代さえ、すでに遠のいて久しい。

それでも一度は訪れておこうと、いざ景徳

景徳鎮市内の陶器市場。古い陶磁器のかけらや
国営工場時代の磁器なども人気がある

鎮駅に降り立つ。タクシーを拾うと、運転手は「元陶工」だと語った。偶然かもしれないが、その後利用したタクシーの運転手もみな「元陶工」だった。

改革開放政策が始まると、多くの中国の国営工場の例に漏れず、景徳鎮の陶磁器工場も閉鎖、縮小、民営化などの変革を経ることになった。その際に、大量の失業者や待遇の悪化による離職者が生じ、そのほとんどが職業替えを迫られた。ある運転手さんは、「ドライバーになった人は多いよ。工場での事故で自分の足を失っていたのに、何とかコネで資格を手に入れ、トラック運転手をしている友人もいる」と語ってくれた。彼らに、「今は陶工もそんなに待遇が悪くはないのでしょう？　元の職に戻れるのでは」と訊いてみると、あまり気が進まなそうに、「まあそうだけどね……」と言葉を濁された。

景徳鎮は、六世紀の南北朝の時代から磁器の産地としてその名を広く知られてきた。古くは新平などと呼ばれたが、一一世紀初頭、北宋の皇帝、真宗がこの地の磁器を宮廷専用とすると、当時の年号に因んで地名も「景徳鎮」と改められた。

市内に散らばる窯跡や博物館、磁器市場など、景徳鎮の磁器文化の奥深さを感じられる名所は無数にある。だが、磁器自体より、かつて世界各地に交易網を広げた磁器商人の足跡に触れるなら、三閭廟古街を歩くのがいい。三閭廟とは、一説ではこの地にあった祠のことで、紀元前四世紀の戦国時代の詩人で、かつて三閭大夫という官職についていた屈原が祀られていた場所だ。

景徳鎮を南北に縦断する昌江の西岸に位置する三閭廟古街は、明代から清代にかけて、景徳鎮の磁器を水路で輸送するさいの重要な起点として発展した。景徳鎮一帯の窯から運ばれた磁器は、この道を通って昌江の埠頭へと運ばれ、昌江やその先の長江を経て、国内外の各地に運ばれたのだった。

失われた幻の埠頭

だが、それほど歴史的に重要な通りでありながら、今の三閭廟古街は予想以上にひっそりとした、目立たない一角にある。あまりにも目立たないので、地元で拾ったタクシーの運転手も正確な場所を知らなかったほどだ。やっと知っている運転手に出会っても、旅行者が訪れるはずなどないと思っているらしく、気づいた時には、通りの入り口からだいぶ離れた、とんちんかんな場所で降ろされていた。

三閭廟古街は、昼間と夕方以降とで、かなり風景が変わる。働き手たちが帰宅する夕飯時に訪ねると、古い民家の明かりが辺りを照らし、あちこちからトウガラシなどを炒める香りが漂ってくる。通りには人の往来があり、すれ違う人々の表情もどこかリラックスした感じだ。ある家のおばさんが、「ちょっと見てごらん」と家に入れてくれた。大きな居間にずらりと並ぶさまざまな形の磁器は、いずれもおばさんの息子が造ったものだということだった。だが、平日の昼間にふたたび訪ねてみると、街の印象は一変した。通りは人の影がまばらで、じつは空き家もとても多いことに気づく。

七〇年以上この通りに住んでいるというおばあさんが、こう語ってくれた。「昔は通りに穀物店、薬屋、靴屋、食堂、布屋、干物屋などがあって、何でも揃ったんだよ。床屋だけで三軒もあったんだから」

その頃に比べると、今の街の廃れぶりは惜しむ気持ちを通りこし、無常感を覚えるほど

廃墟と化した家の門に刻まれた吉祥の図案。
沿道の建物には精緻な装飾が数多く残る

だった。さらに哀惜の念に駆られたのは、地元でこんな話を耳にした時だ。数年前に昔の埠頭の跡が新たに発掘されたが、役人の無理解のため、きちんと保護されないまま破壊されてしまったという。当時のことをよく覚えているおじさんが「せっかく見つかったのに」と深いため息をつくと、私もやるせない気持ちになった。

溝に残る人夫の足跡

失われたのは埠頭だけではない。もともと古街の中央には埠頭と主要街道をつなぐように古い石畳の道があったが、道の整備の際に敷き替えられてしまったという。

「でも少しだけ、昔の敷石が残っているよ」

昼間の三閭廟古街。かつては無数の磁器が
この通りを経て、船で遠方に運ばれた

という言葉に誘われ、いくつかの古い敷石を見に行った。深くえぐられた溝は、重い磁器を載せた木製の一輪車が、気が遠くなるほど繰り返しその上を通ったことをまざまざと伝えていた。磁器は積むのが難しく、割れやすい。溝に沁み込んだ荷役夫たちの汗には、冷や汗も少なからず含まれたに違いない。

今でこそ溝の残る敷石はたったの数枚だが、改修工事が始まる前までは、このような溝が道の左半分と右半分を二本の筋となって貫き、中央の敷石の下には古い排水路まで走っていたという。

ある老舗跡に住んでいるおじさんが、自分の家は文化財で、細部まですべて昔のままなのだと誇らしげに言った。「引っ越していった人も多いが、家は住み続けなければダメになるからね」と言いながら、廃墟と化した隣家を指さす。

残念なことに、地域単位で推進されている文化財の保護とは、ただ外観をきれいにするだけで、老朽家屋の補強工事などは含まれない。おじさんは「ただ家の表面を新しくするだけなら、やらない方がましだ」と言いつつ、自分の家の古い戸板を指さした。「無料で新しいものに変えてあげよう」という施工者の申し出を拒んで手元に残したものだと言う。

風霜に耐えた建物や石畳は磁器の街が担った伝統の証だ。だが、いくら惜しむ気持ちがあっても、個人の力ですべてを守るのは難しい。空き家が目立つ現状ではなおさらだろう。

それでも私は、かつての沿道の繁栄ぶりを頭の中で想像し、街の活気と文化財の輝きがともに戻る日を、夢見ずにはいられなかった。

4

異人らの集った港町

重慶市南岸区下浩老街

使命を終えた渡し場

「山城」（山の町）との別名を持つ重慶は、その名のとおり緑は豊かだが、街のいたるところに階段や坂があり、歩いて回るのはちょっと大変な街だ。だがそのダイナミックな高低差はしばしば、街の風景に豊かな変化や深い奥行きを添えている。

例えば、散策の途中でたまたま行き当たった坂や階段を登った後、ふと周囲に目を移すと、景色が予想以上に広く見わたせたりする。斜面の上にも下にもビルがそそり立ち、その間をさらに高低差の大きな道が走っていたりするので、何げなく道を歩いているだけで、思わぬ瞬間に民家の屋根が見下ろせてしまったり、目の前にビルの何階目かが迫っていたりする。するとだんだん、高低の感覚が狂い始め、気づいた時にはもう、どこを高さの基準にすればいいのか分からなくなっている。方向の失い方が三次元的なので、道に迷った時のクラクラ感も、車酔いというより船酔いに近い。

長江の東南岸の傾斜地に広がる下浩老街（シアハオラオジエ）も、そんな重慶の特色を強く感じさせる一帯だ。かつて長江両岸の竜門浩と望竜門とを結んでいた渡し船は、重慶の南岸地区と渝中地区を結ぶ重要な交通手段だった。そのため古くから、竜門浩の埠頭へと続く下浩正街とその周辺は渡し船を利用する人々で賑わい、栄えた。

一九世紀末の重慶開港後は、次々と外国の建築スタイルを取り入れた民国期特有の建物が建てられ、商社の倉庫や別荘をはじめ、銀行や盛り場などもできた。そもそも重慶は日中戦争中、国民党が拠点を置いた街だ。そのため付近には米、英、仏などの公使館も置かれていた。地元のおじさんがこう語ってくれた。「かつては夜、盛り場にアメリカ、イギリス、フランスなどからの兵士が集って、飲んで騒いだり売春婦を探したりして、賑やかだったんだよ」

戦中の一時期、蒋介石は、ここからそう遠くない山の中に邸宅を設け、この下浩老街を通ってその邸宅に帰った。そんなこともあり、解放前から五〇年代、六〇年代までの下浩老街は、重慶でもっとも賑やかなエリアだった。

だが街の繁栄はやがて陰りを見せる。一九八〇年に長江大橋、八七年に長江ロープウェーが完成し、水運から陸運への転換が本格的に進むに従い、下浩老街は寂れはじめ、九六年に竜門浩埠頭が機能を停止すると、その衰退は決定的となる。私が訪れた二〇一七年時点では、三年前に完成した東水門大橋が街を威圧的に見下ろすばかりとなっていた。

港町から歴史文化の街へ

港町としての歴史的使命を完全に終え、二〇〇〇年頃からは再開発に備えた住民の転出が加速的に進んだ下浩老街は、かつての繁栄ぶりなど見る影もなくなるほど寂れた。二〇世紀末までは沿道に水路の中に柱を立てて、その上に住居を作る、「吊脚楼」と呼ばれるミャオ族風の伝統建築も残っていたが、老朽化が激しかったため、その後そのほかの建物とともに取り壊しが進められたという。

私の訪れた頃の下浩老街では、住民の立ち退きや家屋の取り壊しも最終段階に入っていた。細く目立たない道から街に入ると、集合住宅の部分も平屋もほとんどが空き家となっていて、開いている店も少ない。まさに「ゴーストタウン」と紙一重だったが、その空虚感と対照的だったのは、若い人を中心に、かなりの数の観光客がいたことだった。

近年、一部の文化人の間で、この地の歴史や文化、そしてゆったりとした生活環境などが注目を集めると、沿道に意匠を凝らした住居やアトリエ、喫茶店などが並ぶようになった。これに加え、重慶の旧市街地を舞台にした恋愛映画や、インターネットなどを通じた呼びかけも反響を呼んだようだ。「ぜひ今のうちに」と思う人が増えた結果、下浩老街はいまわの際の返り咲きのような状態になった。

有志によって地道に進められていた街の緑化や文化財保護の動きは、再開発の流れまで変え、やがて下浩老街の歴史的景観は、改修を経た後もある程度までは保たれることになった。

下浩老街は、やや高く盛り上がったところにある、物資の運送に使われた正式な通りと、土地の低い、水路沿いの街並みとに分かれる。高い方の道は、いわゆる狭義の下浩老街と言えるが、そもそも重慶そのものが高低差の大きな街であるうえ、この通り自体も高低差がかなりあり、また細く曲がりくねっているので、一見、あまり主要な道という感じはしない。だが、ほんの十数年前までは、早朝の四時から五時頃に、遠くからやってきた多くの野菜売りによって市が立ち、とても賑やかだったという。

道沿いで店を開いているおじさんの話では、かつての下浩老街には長方形の敷石が敷きつめられ、その上には積荷を背負った馬の歩いた跡や馬車の轍の跡が深く刻まれていたという。敷石は清代に敷かれたもので、別の住民が、今も残っている部分を指し示してくれた。一見、何の変哲もない石だが、何百年もの間にどれだけの人に踏みしめられたのだろうと思うと、急に敬意のようなものを覚えた。

残るのは建物ばかり

通り沿いに、昔ながらの味わいを残した食品店があったので、立ち寄ってみた。店主は話好きな人で、店は父親から引き継いだのだと言う。下浩老街での生活については、「昔はずいぶんと不便だった」と漏らす。今はプロパンガスがあるが、かつては料理には薪や炭を使い、体を洗う湯も自分で沸かした。トイレなどは未だに共用だ。しかも、もともと土地の高低差が大きいため、公衆トイレに行くのにも急な階段を上がらねばならない。

もちろん、長所も少なくはない。何よりいいのは、「市街地にありながら、車が通れないため、静かで空気がいい」ことだ。これはかなり顕著で、実際、車のひしめく表通りから下浩老街の一帯に少し足を踏み入れただけで、緑豊かな別荘地に来たような爽やかさが感じられた。

まだせいぜい五〇代くらいに見えるおじさんは、「よその街に出て路傍であれこれ売っていた時期もあった」ものの、今はこの通りに強い思い入れがあると語る。あたりでずっと工事の音が響き渡り、生コンクリートの匂いも充満している中、おじさんは残念そうにこう言った。「かつてこの辺りの状況には誰も関心を持たなかった。でも、場所の良さにデヴェロッパーが気づいた途端、ものすごい関心を集めだしたんだよ」。その結果、やっとインフラなどが整備されると思ったら、自分たちは出て行かねばならなくなった、とぼやく。「残りたくても、土地は政府のものだから、引っ越しは止むを得ない」と諦め顔だ。だが、「どこに引っ越すにもお金が必要」なため、移転先は決まっていない。それも当然で、立ち退く際の各種の補償金は、すべてを合わせても、一平米あたり一万一〇〇〇元（約一七万七〇〇〇円）ほど。でもざっと見る限り、沿道に並ぶ店舗や住宅の多くは、面積が二〇平米前後だ。発展目覚ましい今の重慶で、補償金だけで買える家を探すのは至難の業だろう。立ち退く者に交換条件として与えられるマンションもあるが、いずれも日当たりや面積などの条件が良くない物件ばかりだという。

戦前から建つ家に住み、詩を書いたり木彫りをしたりして暮らしているというおじさんがきっぱりと言った。「建物は残っても、住民はみな追い出されるよ」

そもそも、その頃の重慶ではかかりに自分で家を改修できたとしても、その工賃はかなりの額に及んだようだ。ある住民がこう語った。「建設作業員を一人頼むと、一日三〇〇元から四〇〇元はかかる。どうしても二人は必要だから、朝九時から晩六時まで頼むと一日最低六

坂の下の方の街並み。細長い敷石の下には、
かつて水路が走っていた。沿道には橋も残る

〇〇元（一万円弱）。でも仕事がはかどるとは限らない」。これは比較的裕福な都市部の住民にとっても安い値段ではない。だがその頃の建設作業員は、開発ラッシュの重慶でならどこででも職が探せたので、まさに売り手市場だった。

つまり、改修などに必要な多額の費用が出せるほどの富裕層は、よほど街に思い入れがない限り、とっくに他の条件の良い住居に移り住んでいる、ということだろう。他の古い町でもよく見られる構造だが、だからと言って、下浩老街が貧民窟化していたと言うのはためらわれるし、ある程度当たっていたとしても、一面的な言い方にすぎない。

傾斜がきつい道を必死で進み、川をまたぐ新しい橋のふもと近くまで歩いてみた。階段ばかりが続く通りに沿って、まだぎっしりと家が建っている。だが住人はまばらで、小さな靴の工房が靴を作り続けているぐらいだ。正直なところ、一帯にはかなり荒涼とした雰囲気が漂っていた。

ある男性が私に、「以前、ここに住んでいた住民の方ですか？」と尋ねてきた。私が「いや、実は私も旅行客で……」と言うと、その男性はいかにもがっかりしたような表情をした。ふと私は、彼が先ほど、松葉づえで歩く私の様子を遠くからこそこそと写真に撮っていたことを思い出した。私が彼の方を向くと、すぐに別の方向を見るのだ。そこで私は思い当たった。きっと男性は、「住み慣れた街に最後の別れを告げる元住民」の、決定的瞬間をレンズで捉えたと思っていたのだろう。隠し撮りとはいえ、「記録しよう」という意思は貴重なので、私は予想を裏切ってちょっと申し訳ないような気持になった。

神像までお引越し

さらに歩を進めると、道の終わり近くに、独特の愛らしい姿をした、他では見たことのない神像があった。その後、近所の住民から聞いた話では、同じ道の反対側の端の方にもこのような神像があったが、壊されてしまったという。その際、さすがにデヴェロッパー側も罰当たりだと考えたのか、ニワトリを一羽絞め、果物とともに供え、お香を焚き、叩頭して移転の儀式をしたそうだ。唯物主義的に、ただ壊しただけではないのにはほっとしたが、再開発のため、街並みどころか鎮守の神様さえその姿を消さざるを得ないという残酷な現実が心にしみた。そして改めて思った。神様さえ追い払われるぐらいだから、これらの風景の消失は、もう不可逆なのだろう。つまり、できることはもはや「記録」だけなのだ、と。

消えゆく豆花の味

帰り際に、ぶらりとある老夫婦が営んでいる食堂に入った。店主は「私たちで三代目。八〇年前に、祖父がこの土地で食堂を始めたんだ」と胸を張る。歴史的要因や急速な発展の代償として、同じ土地で同じ店を続けることが難しい中国では、このような店は貴重な存在だ。だが、立ち退きの最終期限である翌月（二〇一七年三月）には閉店するという。期限を過ぎたばかりの頃に、運よくまた重慶を訪れる機会があったので、ふたたび店を訪れてみると、幸いまだ営業していた。だが、立ち退きはやはり目前で、しかも、前回訪れた時に聞いた、「別の場所で息子が店を開いてくれるかもしれない」という希望も、実現は無理とのことだった。

住居の移転先はここから地下鉄で五駅の場所にあるということで、北京などの立ち退きと比べれば、元の住所から近く、まだ幸運だといえる。だが自慢の店をたたんだうえ、生活環境までがらりと変わってしまっては、寂しくないだろうか？　そんな疑問を口にすると、おじさんは、「私たちはもう六〇歳を過ぎているから、引退してもいい歳なんだ」と、本音かどうか分からない口調で言った。

何より惜しまれるのは、店の看板料理でもある「豆花（ドウホア）」の味だった。「豆花」とは柔らかい豆腐に、揚げた青トウガラシを使ったタレを添えたものだ。口当たり柔らかで素朴な豆腐の味をぴりりとした辛味が引き立て、白いご飯との相性も良い。

茶碗を手に取ると、高齢者の長寿を祈る図案や言葉が目に入った。理由を聞くと、地元では、老人の年齢が一〇歳ごとの節目を迎えるたび、特注のお碗を親戚に配る風習があるため、こういう茶碗がどこの家にもいくつかあるのだという。記念茶碗の庶民的ながらも堂々とした風格は、老夫婦とともにじっくりと年輪を重ねてきた老舗にもぴったりだった。

おじさんは、店の前にある一枚の敷石を指して誇らしげに言った。「橋の上の清代の敷石は長方形だ。でもこれは正方形だろう？　明代のものだからだよ」。言われなければ気づかないほど地味な、その四〇〇年以上前の敷石は、これまでいくつの店の栄枯盛衰を見守って

近所の人々の憩いの場となっていた「豆花」を売る食堂。机の下の敷石は明代のもの

きたことだろう。

店の味を慕ってか、食事時を過ぎても、店には客が絶えない。贔屓客は少なくないようだ。別れ際、おばさんから「また食べに来てね」と声をかけられた。私はこの店で何千、何万回と繰り返されてきたであろうその言葉が現在もつ、哀しい矛盾を感じながら、「どこに来ればいいの？」と心の中で問い返した。

3章

脈々と続く伝統文化

アクセス

蔚県（蔚县）

北京の「六里橋長距離バスターミナル（六里桥长途客运站）」と「北京北郊長距離バスターミナル（北京北郊长途汽车站）」から、7:00から17:00の間、蔚県行きの長距離バスが出ている。約3時間で蔚県に到着後、タクシーで「玉皇閣（玉皇阁）」へ。

楊柳青鎮（杨柳青镇）

◆「北京南駅（北京南站）」から「京津都市間高速鉄道〔略して京津高鉄〕（京津城际高速铁路）」で天津駅へ。駅前で672番バスに乗り、「楊柳青鎮新華道（杨柳青镇新华道）」にて下車。

◆「北京駅（北京站）」からK7729番の列車に乗り、「楊柳青駅（杨柳青站）」にて下車、駅前から175番バスまたはタクシーで「石家大院（石家大院）」へ。

磨溝村（磨沟村）

北京西駅（北京西站）でG403号の列車に乗り、「鄭州東駅（郑州东站）」で下車、地下鉄5号線に乗り、「京広南路（京广南路）」で下車、B出口を出て、「鄭州バスターミナル（郑州汽车客运总站）」から「登封（登封）」行きの長距離バスで「登封（登封）」へ。タクシーに乗り換え、「磨溝村（磨沟村）」へ。登封から磨溝村までは約20キロ。

香紙溝（香纸沟）

上海の「虹橋駅（虹桥站）」からG1371号列車に乗り、「貴陽北駅（归阳北站）」で下車。地下鉄1号線（地铁1号线）に乗り換えて「北京路（北京路）」駅で降り、A出口を出る。2番バスに乗って「黔霊公園（黔灵公园）」で下車すると、バスターミナル（旅游客运中心）から8:30、10：30、14:00、16:00に香紙溝行きのバスが出ている。

1
切り絵工芸と映画の里

河北省張家口市蔚県

うさぎが描いた古城

北京から長距離バスで三、四時間。蔚県（ユーシェン）は、河北省のなかでも山西省寄りの、平地と黄土高原が入り組んだ場所にある。

蔚県の県城は城壁に取り囲まれており、城壁の東、西と南には城門がある。蔚県の城郭については、次のような伝説が伝わっている。

昔、州の長官が蔚州の城郭を建設しようとした。だが、何回試みても失敗してしまう。当惑していた彼の前に、一羽の野ウサギが現れた。その野ウサギは、目の前をぴょんぴょんと飛び跳ねて、ある線を示した。その線を輪郭にして城郭を建てたところ、やっと建設に成功した。そのため、人々はこの街に「兎

県城にある国の重要文化財、南安寺塔。塔は約900年前の遼代のものだが、寺は明代に焼失

城」という別名をつけた。

実際、蔚県の県城はこんなかわいらしい伝説がよく似合う、こぢんまりとした街だ。鼓楼、南安寺塔、そして玉皇閣など、半日もあれば重要なポイントは見終われてしまうので、気軽に旅ができるが、歴史の方は紀元前の周代まで遡れるほど長く、文化もバラエティに富んでいて、奥深い。

例えば、南の「景仙門」から南北に走る目抜き通りを歩いてみると、道のあちこちに、蔚県独特の味を売る屋台や店が並んでいる。なつめ味のゼリーである「棗粥（ザオジョウ）」、ところてんのような「拉砣児（ラートゥオー）」、数種の豆をひいてできた粥状の「糊糊（フーフー）」、そして日本のものと似て非なる「蕎麦（チアオマイ）」などは、この土地が脈々と受け継いできた、他では見られない文化の色彩を伝えていて、好奇心をそそる。

映画の世界に溶け込む

一見、地味な土地に見えるだけに、かなり意外に感じられるのが、県城以外の村落なども含む蔚県の全域には、国の重要文化財に指定された遺跡や墓、建築物が二一も散在している、という事実だ。そもそも中国の旅では、名の知られていない小さな村などを訪れても、驚くほど古い遺跡や寺院などと出会え、その歴史の古さ、文化の蓄積の厚みに驚くことが少なくないが、そんな中国でも、国レベルの文化財がここまで集中している例はめずらしい。

　県城の主な名所を巡った後、南西方向へ向かうと、冬でも凍らない水が湧くことから名づけられた暖泉鎮（ヌアンチュアンジエン）にたどり着く。その水は元代に建てられた「暖泉書院」の地下に源を発し、田畑を灌漑しつつ、洗濯用水などとしても利用されている。

蔚県の伝統を受け継いだ花火
「樹花」の跡が残る城門。
色の濃い部分ほど時代が古い

　面白いのはここで旧暦正月一五日の「元宵節」に毎年行われている「樹花（爍花）」という名の風習だ。花火がなかった昔、人々は熱し溶かした廃鉄を城門に向かって跳ね上げ、その火花の美しさを楽しんだ。この村では、その「樹花」の風習が三〇〇年にわたって受け継がれてきたという。門にこびりついた鉄の色が濃いものほど古い時代のものだということで、その色の差がこの村で流れた長い年月を感じさせる。

暖泉鎮の一角にある西古堡と呼ばれる建築群に入った。南と北にある、入り口が小さく中が広い甕型の門は、周代に由来し、戦略上、おびき寄せた敵を閉じ込めるのに有利な構造になっている。

次に「地蔵寺」の楼に登ると、鎮全体を見渡すことができた。明代中期に形成された暖泉鎮の各所には、一八〇に上る古建築が残り、そのうち、四合院と呼ばれる形式の伝統建築は一〇〇近くに上る。よく観察すると、家々の門などに残っている彫刻は精巧で、笛や将棋盤など、文化的な香りがするモチーフも多い。

その古色溢れる建築群の魅力からか、一〇数本の映画とテレビドラマがここで撮影されてきた。まだ若手の実力派と呼ばれていた頃の姜文(ジアンウェン)監督が撮影した『鬼子来了（鬼が来た）』もここを主なロケ地にしている。この映画では、村人たちと日本兵たちが、狂気と残酷さが入り混じった、荒唐無稽ながら緊張感に満ちた関係になる。私がここを訪れた時の印象も、スカッとした抜けるような青空と、土色の人気の少ない街並みが非現実的なほど鮮やかな対比をなしていて、どこか異世界に誘われるような不思議なものだった。

それにしても、映画の製作者たちがロケハンの際にはりめぐらすアンテナの鋭さには、つくづく感心させられる。そのお陰で、さまざまな味わいある古鎮が「再発見」され、注目を集めてきたが、ここもそんな古鎮の一つといえる。

散在するいにしえの街並み

このほか、蔚県の中で歴史学者がよく調査に訪れるといわれるのが、一四世紀に生まれた「宋家庄」という村だ。

ここには「穿心戯楼」という独特の劇場跡がある。「穿心戯楼」とは、通りの一角に設けられた特殊な形の舞台で、ふだんは門として機能しているが、両脇に台座があり、演劇などの上演の際はそこに板を渡して舞台にする。今は台座の一部が土に埋もれているため、舞台も低くなってしまうが、昔は舞台を設けてもその下を人が通れるほど高かったという。

近辺には、明代に南方の紹興から訪れた高官が建て、今も第十数代目の子孫が住むという屋敷や、窓枠まで明代のものが完全に残っているという「韓家大院」などが、時代の足跡を留めている。明代といえば今から三〇〇年以上遡った時代だから、それらの古い建物の多くが、今も人々の生活のなかでそのまま利用されていることには、驚かざるを得ない。

蔚県のもう一つの見どころは、「上蘇庄」にある観音寺だ。ここでは五三枚もの明代の色鮮やかな壁画がその美しさを留めている。緑、青、赤などが効果的に使われ、仏や聖人なども、人間らしく表情豊かに描かれているので、まさに極楽浄土を垣間見たような気持ちになる。このほかにも、黄土高原上にある「重泰寺」や、豪商「王坡」氏の故居など、蔚県の各所に残る古い廟や寺院、富豪の邸宅や芝居小屋などは、当時の建築水準の高さを示しており、この地に蓄積された文化の並々ならぬ厚みを感じさせる。

もともと蔚県の古鎮の建物の多くは、黄土高原にも近い、乾燥化が進む一帯にある。ゆえに守れるものには限りがあり、あるものは風化し、あるものは開発のために見捨てられている。しかしそれも見方を変えれば、風土と人の営みに応じて古鎮が息づいていることの証なのかもしれない。

彩り豊かな切り絵たち

蔚県にあるのは、古建築や壁画などの重厚感ある文化財ばかりではない。手の平にふわりと載せられる、軽やかな文化財もある。「剪紙（切り絵）」だ。蔚県の切り絵は、その美しい彩りと繊細で芸術的なデザインによって広く知られている。

蔚県のあちこちに切り絵の工房があるが、その一つを訪れてみると、素朴な平屋の建物の中の練炭ストーブの横で、一〇代から二〇代ぐらいの若者たち、四、五〇人が働いていた。男女で部屋を別にしているだけでなく、デザイン、カット、色づけなどの役割によっても作業の場所が分かれており、それぞれとても熱心に自分の仕事に取り組んでいる。はさみで切るのが一般的な「剪紙」だが、蔚県のそれはカッターで切るのが特色で、工房でも五〇枚の宣紙を重ね、一気にカットする、という手法がとられていた。カッターで切る場合、かなり複雑で手の込んだ文様が実現可能となる。

躍動感ある精巧な切り絵と数千年にわたる悠久の歴史、それらが黄色い大地に根を張った伝統家屋の群れと混沌と溶け合うことで生まれた蔚県の個性は、いつまでも失われてほしくないものだ。

2

ビルの狭間に息づく伝統

天津市西青区楊柳青鎮、張家窩鎮

「年画」を守る人々

中国の旧暦の正月、「春節」のお祝い気分を盛りたてる重要なアイテムに木版画の一種、「年画」がある。かつて人々は年越し前、厄除けと幸運到来を祈って家の門の両脇や台所などに「年画」を貼った。現在、都市部を中心に、年画を買ったり貼ったりする風習は廃れつつあるが、伝統的な手刷りの「年画」は、希少な美術品として今も多くのファンを惹きつけている。

そんな「年画」の産地として古来名を馳せているのが、天津市の郊外にある楊柳青鎮（ヤンリウチンジェン）だ。楊柳青の版画の特徴は、さまざまな色で刷った版画の上に、手書きでさらに細部の描写や色が加えられていること。貴族の文化などもしばしばテーマとなるその上品な作風は、かつて古都北京の上流階級の人々にも愛された。

行き過ぎた観光開発や都市化の波により、現在の楊柳青はどこかテーマパークのような雰囲気になっている。そのため、博物館などを訪れない限り、ここで直接、歴史ある古鎮としての楊柳青の貫禄やその遺産などを感じ取るのは難しい。だが、春節前に立つ市を覗くと、年画を筆頭に、地元色が強く味わいのあるさまざまな民芸品が見つかり、ほっとする。風景こそ変わっても、やはりこの地が受け継ぐ職人魂は健在なのだ、と。

その感は、楊柳青から南へ車で二〇分ほどの張家窩を訪れると、さらに深まった。

トイレの屋根で版木を守る

張家窩の一角にある南趙荘は、老舗の年画の工房・画店「義成永」の存在で知られ、かつては三二〇世帯の八〇〇人余が年画の制作に関わっていたという。だが七年前に始まった大規模な開発を経て、平屋ばかりだった村はマンション街へと変身。古くからの住人たちは今、かつて自分の家や畑があった場所をマンションから見下ろしながら暮らしている。

そもそもこれまでも、年画は時代の荒波にもまれてきた。文化大革命中には、旧社会の

年画の摺り方を紹介する楊仲民さん。
制作が途絶えた文革中のブランクを
経て技を継承

風景や信仰を表した年画は生産が禁じられ、関係者も迫害された。職人らは、とくに貴重な版木を選び、土の中に埋めて守ろうとしたが、のちに掘りだしてみるとすでに腐っていた。それでも一部は、ベッドの台やトイレの屋根の板などにすることで守られたという。

年画作りの老舗「義成永」の六代目の継承者である楊立仁さんの家を訪ねると、楊立仁さんの息子の楊仲民さんと孫の楊鵬さんが、そのようにして守られたという版木を見せてくれた。貴重な版木の多くが失われたとはいえ、刷られた版画の方さえ残っていれば、版木の復元は可能だ。現在、楊さん親子は、日本を含む各地に保存されている楊柳青の年画をもとに、版木の復活を試みている。

もっとも楊鵬さんは、「年画で生計を立てるつもりはない」と言う。なぜなら、「祖先から代々受け継いだ年画は、みなで共有されるべきものだ」と考えているからだ。現在、楊鵬さんは年画の保護、普及に努めると同時に、大学や美術館に勤めながら、得意の中国画で展覧会を開いたりしている。

門外不出の技も紹介

伝統年画を絶滅の危機へと追い込んだ文革が終わり、改革開放の時期に入った後も、古い題材の年画を忌み嫌う傾向はすぐに消えたわけではなかった。しばらくの間は、地元の公安なども、文革中の基準に従って監視、没収などを行ったため、当時、年画作家たちは、恐る恐るこっそりと露店などで年画を売ったという。

そんな時代を経ていることを思うと、伝統年画について作家らが誇りをもって語ることができ、作品や版木を示しながら取材に応じられる時代になったことは、やはり喜ぶべきだろう。

訪問中、印象に残ったのは、年画についてのさまざまな説明を受けた際、年画制作

自家製の年画を披露する楊鵬さん。手にしているのは「門神」と呼ばれる守護神の像

の中で要となる「摺る」過程でさえも、「伝統版画の紹介のためなら」と参観を許してくれ、躊躇いながらも、きちんと摺り方まで説明してくれたことだった。多色刷りは色ごとに版木を変えて摺るため、紙と版木の位置をきちんと調整せねば図案の形が崩れてしまう。だがそんなデリケートな過程でも、仲民さんの手つきは慣れたもので、出来上がった図案はぴったりと輪郭が合っていた。

そもそも伝統的な版画工房では、摺る過程は神聖なものとされ、一族以外の人に見せることはタブーとされている。そのため私も、年画の博物館などは別として、家族経営の年画工房で摺る様子を目にするのは初めてだった。年画のことを広く知ってもらいたい、という楊さん一家の気持ちがひしひしと伝わってきて、心が強く動かされた。

希少なダイコンの味わい

歓談中、楊仲民さんが自ら育てたという地元特産の青ダイコン「小沙窩羅卜（シアオシャーウオルオボ）」を生のまま切ってふるまってくれた。みずみずしく味わい深いが、育てるのはとても難しいという。微妙な条件の違いに敏感で、同じビニールハウス内でも植えた場所によって味が変わるほどだからだ。

かつて村の年画作りは秋の収穫が終わる旧暦八月一五日以降に始まった。職人たちは農民でもあり、畑の土と切っても切れない関係にあった。だが村がマンション街となってしまうと、多くの村人が農業を諦め、出稼ぎに出た。それでもまだ農作業の楽しさが忘れられない楊仲民さんは、小さな畑を借りて、今も「小沙窩羅卜」を作っている。

マンションでの年画制作にも、楊仲民さんはまだ慣れることができない。「心が乱れ、力が入りません」とこぼす。確かに楊さん一家の部屋がある高層階の窓から外を見ると、かつてここがのどかな農村だったとはとても信じられないほど、林立する高層マンションが際立って見える。かつては農家の中庭に続く門をくぐって訪ね合った版画職人たちも、今はマンションのドアフォンを押して訪ね合っており、版画制作を放棄した者も多いという。厳しい文革時代を生き抜いた伝統版画は今、別の危機に直面しているのだ。

そんな今、「作り続けなければ消えてしまう」という気持ちが仲民さんを駆り立てている。楊さんによれば、嬉しいのは孫が生まれたことで、そのお陰で年画にしばしば登場する赤ん坊や幼い子供のイメージが、とても生き生きと湧いてくるという。

3

変化の中の伝統武術

河南省登封市磨溝村

天地開闢の伝説を受け継ぐ

カンフーの代表的な一派、少林拳の里として、広く知られている河南省嵩山の少林寺。この地の知名度を一気に高めたのは、一九八二年に発表されたカンフー映画『少林寺』の大ブレークだ。当時、ジェット・リーの華麗なアクションは、多くの少林拳ファンを生み出した。

だが、同映画がヒットする前の少林拳は、いわば「秘伝の技」だった。師匠からひとたび受け継いだら門外不出。少林寺自体も、広い道路が通り、交通の便も増した今とは違い、細い道を辛抱強く登らねばたどりつけないような、ひっそりとした寺だった。映画『少林寺』の影響で、一九八〇年代に少林寺で修行を始めたという武術家は、「あの頃は修行も本当に厳しくてつらかった」と振り返る。

そもそも、為政者の立場からすれば、民間で武術を得意とする集団が勢力をもつのは、決して好ましいことではない。そのため、少林拳は時代によっては抑圧され、絶滅に瀕した。だがその都度、周辺の村々でひっそりと受け継がれた武術を取り込んで復活したという。嵩山を挟んで少林寺と反対側にある磨溝村も、そんな古い武術を受け継ぐことで今の少林拳の源流となった村の一つだ。

磨溝村（モーゴウツン）の名は、この地に伝わる天地開闢の伝説に由来する。「大昔、この付近に双子の姉弟が住んでいた。ある日、突然天地が揺れると、石の虎が二人を飲み込んで守った。一〇〇日後に二人が外に出ると、一万年が経っていた。新しい世界には人類がいなかった。そこで石の虎が姉弟に結婚して子孫を残すよう勧めると、二人は拒んだ。そこで石の虎は『東と西の山頂からそれぞれ石の『磨（臼）』を転がし、中間の『溝（谷間）』で見事臼が合体すれば、結婚するがよい』と告げた。石の虎の言うとおり、姉と弟がそれぞれ臼を転がすと、臼の凹凸が二人の中間で合体した。そこで姉と弟は天地を拝して結婚した」。中国、とくに漢民族文化圏というと家族や社会の倫理的秩序を重んじる儒教のイメージが強いだけに、このような古代的なスケールと価値観をもった物語が生き残れたことには軽い驚きを覚える。つまるところ、このような神話が今まで言い伝えられてきたこと自体、この村の人々に伝統を尊重し、受け継ぐ気骨があったことの傍証なのだろう。

武術では飯が食えない

磨溝村における武術の流行は、明代に始まる。そもそも、少林寺のある嵩山一帯は戦乱や災害が多かったので、人々は身を守る技を大事にする傾向があった。そのため、言い伝えによれば、禅僧、達磨の時代から脈々と、武術の伝統が受け継がれてきたという。やがて明代になると、武術を愛好していた范氏という者が少林寺の名高い武僧、緊挪羅を村に呼び、技の伝授をしてもらう。清代になると、村人の間でも体を鍛える習慣が広まった。著名な老大家、范福中さんを師と仰ぐ磨溝村在住の武術家、劉振傑さんによれば、村には今も七種類の武術が伝わっているという。

だが現在、村人たちは伝承者の不足を嘆く。実際、情況はかなり厳しいようだ。幼時、カンフー映画のスターに憧れたのがきっかけで拳法を始め、その後も「先祖からの伝統を受け継ぎたい」という気持ちから稽古を続けたという任延廷さんは、「今は村の子供も、拳法の稽古をしたがらない。趣味が多様化したからね。厳しい稽古より、電子ゲームの方が好き

村人たちの集う場にもなっている磨溝村の三つ辻。
正面に見えるのは村の稽古場の跡

だよ」と残念がる。そう言う任さん自身も、「飯が食えるわけではないから」と十数年前に稽古を辞めてしまったそうだ。

かつて村の稽古場があったという建物を訪ねた。足の動作によってすり減った石の床が、当時の稽古の激しさを伝えていたが、建物全体は風化が進み、壁や碑がかろうじて残るだけになっていた。今も屋外で稽古は行われているが、かつて長年稽古を重ねたという老人たちに、「村に伝わってきた武術を披露していただけませんか」と頼むと、「今はもう思い出せない動作が多い」との返事が返ってきた。「秘伝の技を外に漏らさぬよう、わざと忘れたふりをしているのかもしれない」とも思ったが、「そのように見えた」というよりは、むしろ私の側の「そうであって欲しい」

という願いの方が強かったかもしれない。

一九九〇年代初頭からこの地に通い、少林拳を学んできたという日本人武術家の川口賢さんは、そんな消滅の危機にある古い拳法の記録と伝承に力を注いでいる。だが作業は容易ではない。「古い少林拳のうち、とくに二人が組んでやるものは、一緒にやる相手がいないと伝承できないので、消滅しやすい」と残念がる。

軍隊並みの武術教育

古い武術の消失には心が痛む。だがその一方で、少林拳のファンはいまや世界中に広がっている。磨溝村を訪れ、劉振傑さんから武術を学ぶ弟子たちも、今は外国人ばかりだ。

そもそも、現在主流となっている近代少林拳は、民間のいろいろな武術の流れを取り入れて形成された。少林寺周辺にはそういった近代少林拳を教えている武術学校がいくつもあり、国内外から集まったさまざまな年齢の青少年たちが、寄宿舎生活をしながら学んでいる。そんな武術学校の一つ、「少林寺国際武術学院」を訪れた。事前に軍隊と関係がある学校だと聞いていたうえ、校庭に小型の大砲が鎮座していたので、少しひるみ、「外国人が入っても大丈夫なのか?」と再度確認すると、「大丈夫」とのことだった。それでも少しは秘密主義なのかと思いきや、事務室に入ると、壁に学校の関係者が日本を含む諸外国の武術愛好家と撮影した記念写真がずらりと並んでいて、ほっとした。しばしば海外から研修生を受け入れているのだそうだ。

ただ、学校の校則などはさすがに軍隊を思わせるほど厳しいようで、帰省は一年に一度だけ。校外に遊びにいけるのも一カ月に一度だけだという。寄宿生活の様子も、垣間見た限りでは、かなり集団の規律を重んじている様子だった。

校長によれば、ここでは仏教と武術の授業を行いながら、武僧と呼ばれる、武術に長けた僧侶や、軍人の卵を育てているという。その方針に矛盾を感じ、率直に「殺生を禁じる仏教と戦争の際は人も殺す軍隊。両者に矛盾はないのでしょうか？」と質問してみた。すると表情を引き締めた校長から、「いざという時は、誰もが家族や国を守るために立ちあがるものです」との答えが返ってきた。

その一方で、この学校ではショービジネスで歓迎される「動作が大きく、見栄えの良い武術」も教授していて、ときおり学生たちを組織し、国内外での公演を行っているという。先述の「武術では飯が食えない」という言葉を思えば、身体や精神の鍛錬のためのカンフーより、実用性があったり、収入を生んだり、出世の助けになったりするカンフーが重視されるのは仕方ないことなのかもしれない。

人々をつなげる武術

冒頭でも言及した映画『少林寺』のヒットが少林拳の復活に大きく貢献したことは広く知られている。そこで、「少林拳とカンフー映画とのつながりは今も深いのだろうか？」という疑問を胸に、少林寺の僧坊を訪れると、この道十数年という釈行開さんが迎えてくれた。行開さんはカンフー映画に何度も出演したことがあり、今も自分が主役を務めるカンフー映画の撮影の準備をしているという。私が近年話題となったカンフー映画の名を挙げると、行開さんは「それは、兄弟弟子が演じたんだよ」と嬉しそうな顔をした。

行開さんやその弟子たちの話を聞いていて感じたのは、どうも少林寺では、「多数のライバルを制して映画への出演を勝ち取り、スターになった」というサクセスストーリーや、反対に「千載一遇のチャンスを逃して惜しかった話」がいくつも語り継がれているらしい、ということだった。

古来、少林拳を学ぶ者は、弟子入り順に兄弟弟子となり、互いを家族のように大事にする。仏教思想の影響か、慈善事業に熱心な人も多い。ちなみに、現地で親切に面倒を見てくれたのは、やはり幼い頃に少林拳を学んだという王さんだった。王さんは少林寺近くの孤児院の

少林寺境内でカンフーを披露する釈行開さん（左）。
舞台や映像向きの華麗な動きが多い

出身で、同じ孤児院の出身者や少林拳の兄弟弟子たちと強いつながりを保っており、次々と血のつながりのない「兄弟」たちを紹介してくれた。

そのような互助ネットワークは磨溝村を含むこの地域一帯をつねに覆ってきたのだろう。日本を含む海外からも弟子が集まるようになった今、その範囲はさらにどんどん広がっている。門戸を大きく開き、さまざまな背景の者を広く受け入れている少林寺は、今や「世界の少林寺」だ。武術や信仰を核として多様な文化背景の者たちがつながり合う伝統は、今もこの地に新たな輝きとぬくもりを添え続けている。

4

清流が支える古風な紙作り

貴州省貴陽市香紙溝

自然豊かなユートピア

毎日大量に使われ、大量に破棄されている紙。デジタル技術の発達によって、近年はペーパーレス化も進んではいるが、まだまだ私たちが紙から得ている情報は多い。あまりに頻繁に接しているので、ついありがたみを忘れがちな、そんな紙の原点を感じ取ることができる村がある。貴州省貴陽の郊外にある香紙溝（シアンジーゴウ）だ。ここでは長閑な農村風景を味わいながら、昔ながらの紙づくりの様子を参観できる。

私がこの村を訪れた頃、中国でも日本でも、北京の大気汚染をめぐる話題が頻繁に報じられていたが、貴陽の大気の状態にまつわる情報はまれだった。そのため、貴陽を訪れる前の私は無意識にこう考えていた。北京の空気は汚いが、でもそれは北京が首都の大都市だからだ。地方都市ならまだましで、ましてや緑の山々が広がる自然の豊かな貴州省なら、なおさらだろう、と。だが、実際に貴陽を訪れてみると、大気の質は同じ時期の北京以上に悪く感じられた。盆地なので、空気の流れが滞りやすいからだろう。ガソリンや車両の質が悪いのか、排気ガスの匂いも強く鼻をついた。

そもそも貴陽では、人々の移動は基本的にバスや自動車が中心だ。街には、私がこれまで目にした長距離バスターミナルの中でも、もっとも行き先が細分化された、究極のハブ・ターミナルがあり、その壮観さに息をのむとともに、これで排気ガスと無縁でいられるわけはない、と納得した。

だが、さすがは山の緑が豊かな貴州だ。貴陽から東北方向へバスで数十分走っただけで、そこはもう別世界だった。やがて香紙溝に至ると、「山清水秀（山は緑豊かで水は清らか）」という中国語の表現にぴったりの、絵に描いたような田園風景が広がっていた。村の農婦たちによると、香紙溝ではプイ族と漢族の集落が入り混じっており、すぐ向かいに見える集落でさえ、文化や言葉を異にしているという。

村に宿泊施設はないため、ゆっくりと流れる村の時間を満喫するには、朝、早めに出発する必要があり、しかもバスなどの本数が限られているため、村に入るには途中からバイクタクシーなどに頼らねばならない。だがそんな大変さも、後で思えば、この桃源郷を訪れる特別感を高めてくれる、スパイスのようなものだった。

技術を伝えて六〇〇年

いざ、村人の運転するオートバイの後ろに乗り、製紙工房が集まる白水河の一帯へと到ると、入り口付近では、紙を漉く、日本でもおなじみの作業が、柱と屋根だけの簡素な建物の下で行われていた。パルプが黄土色なのは、この地で豊富に産出される竹を原材料に使っているためだ。四〇世帯余りが住むというこの村では、中国で最古のタイプの製紙技術をそのまま伝えているのだった。

中国で最初に製紙技術を完成させた人物としては、蔡倫が知られている。蔡倫は西暦一〇五年、後漢の和帝に樹皮や麻や布などを漉いて作った紙を献上した。ここ白水河、そして同じく香紙溝風景区内にある湘子溝、上下隴脚、葫蘆衝といった村では、今でもその時代と変わらない製紙技術を六〇〇年余りにわたって受け継いでいるという。

ここで疑問が生じる。蔡倫が製紙技術を完成させたのは紀元二世紀だ。では、なぜ村の製紙の歴史は六〇〇年なのか。

そもそも蔡倫は現在の湖南省にあたる「湘」地方の人間だった。だが明の朱元璋が越の国(現在の浙江省の一部)の汪公の部隊を湖南を経由して貴州に駐屯させると、大量の湖南人たちがここに移り住むことになった。彼らはこの地が製紙に向いていることに気づくと、故郷で蔡倫の時代から伝えられていた製紙技術をこの地で生かし始めた。それはまず何より、戦乱で亡くなった者たちを弔う祭祀に使う紙製品を作るためであり、また新たな地で生計を立てるためでもあった。この地で生まれる紙は、仄かな芳香を放っていたことから「香紙(シアンジー)」と呼ばれるようになった。村人たちの故郷に因んで、今でも製紙を行う村の一つは湘子溝(シアンズーゴウ)と呼ばれているが、おそらくはこの音がなまり、「香紙」という言葉と重なって、香紙溝(シアンジーゴウ)という地名が生まれたのだろう。

さじ加減も経験が頼り

この地の「香紙」の大きな特徴は、澄んだ豊富な水を用い、日光に晒したり雨水で湿らせたりするなど、自然の恵みを大きく受けながら作られることだ。その恵みに応えるように、原材料も環境への負荷が少ない竹に頼っている。材料の計量化などはされておらず、作業のいっさいは、人の経験と勘などが頼りだ。

清らかな水の流れる水路の脇で作業をする紙漉き職人。
水槽も用具もすべて自然素材

少し歩くと、水に浸けておいた竹を砕く、巨大な臼がグルグルと回っていた。動力は、川の水を引き込んでめぐる水車だ。傍では職人が絶えず臼の中身を調整している。簡単に見えるが、かなり根気が必要な作業だろう。臼も水車も、すでにそれ自体が貴重な文化財だから、メンテナンスもおろそかにはできない。さらに奥に進むと、別の工房でも紙作りが行われていた。

意外なことに、これだけ大々的に公開されてはいても、核心の技術は秘伝の技として保護されているため、門外不出なのだそうだ。女写真撮影が禁じられている場所もあった。女性は家を出て外に嫁いでいく、という意識が今以上に強かった昔は、秘伝の技は男性にしか継承が許されなかったという。

漉き終わった紙は小分けにしてから陰干しにする。
作業は村人の間で分業して行う

一見、太古の昔から変わることなく続いてきた営みのように見える紙作りだが、実際には近年までの一〇〇年ほど、ほとんど途絶えた期間があるという。その間、製紙の技を絶やさないようにするのは大変だったろうし、たとえ再開にこぎつけても、一〇〇年間放置されていた設備をふたたび稼働させるのは、大きな手間がかかったことだろう。

もう少し先へと進むと、「六人の子どもを育てた」と語る七五歳の老婦人が漉き終わった紙の山の処理をしていた。圧力をかけて平らにし、四方を切った後、数枚ごとにまとめて乾かしていく。干場は一九五三年に建てられたという古い農家の一部だ。

完成された紙をみると、古風な趣こそ濃厚だが、結構肌理が粗い。表面がざらざらとしていて、他の用途に使うのは難しいこともあってか、今も昔も、おもに祭祀用の紙銭などを作るのに使われてきたという。だが、そんな古代的で素朴な紙だからこそ、現在普及している紙と比べることで、紙の製造技術が長い時間と人々の多大な努力を経て発達してきたことがありありと感じられる。

畑の真ん中に水洗トイレ

白水河は全体的な印象としては、中国の多くの農村と同様、高齢者と赤ん坊と女性の姿が目立つ閑散とした村だ。製紙に携わっている男性数人の中にも、若い人の姿はほとんど見られない。だが、空洞化した寒村にありがちな疲弊感やよそ者への警戒感はまるで感じられず、村民たちは驚くほど素朴で人が良かった。その理由が古い山村の文化ゆえなのか、祭祀用の紙の里としての誇りからなのか、はたまた観光客慣れしているからなのかは、よく分からない。いずれにせよ、方言の壁がたいへん厚く、ほとんど言葉が通じなかったのにもかかわらず、私たちはあちこちで村民たちに歓待され、ただ道を尋ねただけなのに、「お茶でも飲んでいきなさい」と強く勧められたり、紙作りの様子を見学させてもらった家で、「ご飯でも食べていきなさい」と引き留められたりした。

一方で、村では観光地としての整備もかなり進んでいて、公共のごみ箱などがあちこちに設置されていたのは意外だった。一番驚いたのは、畑と山に囲まれた、人よりアヒルの姿の方が目立つ場所に、きれいな公共の水洗トイレがあったことだ。日本では驚くほどのことではないが、中国の農村ではトイレはまだ汲み取り式が主流だ。地方政府の主導によって、町を挙げての観光開発をした歴史都市であっても、トイレは極めて原始的ということは珍しくない。原始的でもきれいにしてあればいいが、それさえおぼつかないこともある。そんな現実を知っていただけに、この村のトイレは強く印象に残った。

さらによく観察すると、民家の集まる場所では、汚水を処理する設備も目にした。紙の里なのだから川の水の質にこだわるのは当然といえば当然だが、同時に、澄み渡った水は貴重な観光資源にもなる。実際、私自身も村を流れる川の水の清らかさにはかなり癒やされた。村をつなぐ道はハイキングコースとして整備されていて、近くには、滝が流れる景勝地や再建された寺などもあるということだった。

つまり、香紙溝では無形と有形の文化遺産、そして自然の豊かさが、程よいバランスで共存していた。観光地として十分魅力的なのに、バイクタクシーが若干高かった以外には、強引な販売行為などはなく、村人たちの多くがまったく観光ずれしていなかったばかりか、そもそも観光業にはまるで依存していない様子だった。

自然環境や村の気風など、守るべきものは守り、でも伝えるべき文化と歴史はきちんと公開していく。文化遺産の伝承と自然の保護をめぐる、そんな理想的なバランスが、香紙溝では保たれているように見えた。

4章

商人たちの汗と涙

アクセス

宏村（宏村）

「上海駅（上海站）」でG 7317号の列車に乗り、「黄山北駅（黄山北站）」で下車。「黄山北駅（黄山北站）」から「宏村（宏村）」行きのバスが出ており、片道30元。

婺源県（婺源县）・李坑（李坑）

「上海虹橋駅（上海虹桥站）」よりG 1509号の列車で「婺源駅（婺源站）」へ。駅を出て1番か2番、または3番のバスに乗り、「婺源旧北バスターミナル（婺源汽车老北站）」にて下車。20分間隔で発車する「李坑（李坑）」行きのバスに乗り換える。

羊楼洞（羊楼洞）

「北京西駅（北京西站）」よりG 505号の列車で「赤壁北駅（赤壁北站）」へ。駅を出て10番バスに乗り、「第二中学校（二中）」で下車、「趙李橋（赵李桥）」行きのバスに乗り換える。「趙李橋（赵李桥）」で下車後、タクシーまたはバイクタクシーに乗れば、10分ほどで「羊楼洞（羊楼洞）」古鎮に到着。

1
風水に守られた村

安徽省黄山市黟県宏村

発酵した豆腐の魅力

風光明媚な山々で知られる、安徽省の黄山の周辺には、近代化から取り残されたことが原因で保存された、味わいある古鎮が数多く点在している。中でも、高い保護価値が認められ、近隣の西逓(シーディー)とともに世界遺産に指定されているのが宏村(ホンツン)だ。

農村の長閑さと集落の賑わいを兼ね備えた宏村には、「徽派建築」と呼ばれる、上部が独特の形をした白い妻壁(両側面の壁)と黒い瓦の家が並ぶ。

宏村を私は二度訪れた。二度目に訪れたのは四月で、最初に訪れた四年前よりさらに多くの観光客で賑わっていたが、観光客がしきりに行き来している中でも、至るところでタケノコが干されているので、何となく長閑な印象が残った。この村では現在でも、住民のほとんどが農林業と観光業を兼業しているという。石畳や黒い瓦、漆喰の壁などに埋め尽くされ、街全体が年月に磨かれた骨董品のような美しさを放っている中、自然の幸が温かい陽光の下で日向ぼっこするかのように並んでいる様子には、人の暮らしの原点を見るような、どこかほっとするものがある。

ある住民が語った。「大都市の暮らしの方がいい、とみんなが言うので、俺も都会に出てみたけど、一カ月で病気になったと言い訳して戻ってきたよ。ここの暮らしはやっぱりのんびりしていていい。後悔はないね」

住民が畑と親しむ生活をしていれば、新鮮な食材が豊富なので、食事もおいしい。現地ならではの珍味は、いつでも旅の情緒を高めてくれるが、宏村で出会った珍味のうち忘れがたいのは、豆腐乳とよばれる、サイコロ状に切った豆腐を発酵させて作る独特の塩辛い食べ物だ。日本の納豆にも負けぬほどクセの強い食べ物で、中国の他の地方でも見かけるが、ここ宏村のものは格別に味がふくよかだった。これ以外にも、村のあちこちで干されているのを見かけた干し肉や山菜も、またいつか食べたいと十分に思わせる味わいだった。

女性たちの苦労と知恵

春らしい陽気に包まれた宏村は、相変わらずしっとりとした南方らしい風情を保っていた。村の池では、壁の白と屋根の黒のコントラストが美しい民家の鏡像が、余韻豊かに水面に映っている。

宏村は村全体が牛の形をしていることで有名だ。村の入り口にある二本の木が牛の角、隣接する山が頭、家屋の連なりが胴体、橋が足だという。

その昔、宏村は絶好の風水に恵まれつつも、人々の暮らしは立ち遅れたままだった。そこで、一四世紀末に汪思斉という人物が、村に良い運気を呼び込むにはどうしたらよいかと、自らの妻、胡重に相談した。卓越した風水の知識を持つだけでなく、創意が豊富で、物事を処理する能力にも長けていた胡重は、村が牛の形をしている以上、内臓も牛と同じであるべきだとして、牛の胃に当たる月沼を掘り、牛の腸に当たる水路を村のあちこちに走らせた。

昔の中国では、男尊女卑の考え方が根強く、安徽省でもそれは同じだった。一族が各種の行事を行ったり先祖を祀ったりした祠堂という建物も、かつて女性は結婚と葬式の時しか入れなかったといわれるほどだ。そんな気風の中で、女性が土木工事の監督をしたのだから、

村の構造を牛に例えた時、牛の胃にあたる月沼。
15世紀初頭の明の永楽年間に造られた

容易ではなかったことだろう。村全体の構造を動かさねばならぬ以上、不動産がらみの抵抗やいさかいもあっただろうと思うと、当時の胡重の苦労を慮らずにはいられない。当然、その偉業は伝説として語り継がれ、その死から二〇〇年後には、胡重の遺志を受け、牛の腹の肉に当たる南湖も造成された。

そんな歴史を知った後で改めて村を歩くと、牛の体内巡りという、ちょっと珍奇な空想に誘われる。宏村では、美しいその風景を画布に収めようと、無数の画家や美術を学ぶ学生たちが、村のあちこちで絵を描いており、人通りの多い場所にはわざわざ「スケッチ禁止」の表示まであるほどだが、彼らはいわば、「描かれた牛」の中で絵を描いているということになる。

村を縦横に走る水路で洗濯をする住民たち。
水路は防火の役割も果たしている

村を護る水路

その昔、この地方は徽商と総称される商人を輩出した。徽商は山西省の晋商に勝るとも劣らない勢力を誇っていた。立派な徽商になるべく、かつて地元の男の大半は、結婚後、長い間遠方での仕入れや行商に励んだ。おもな動機は、稼いだ金で故郷に立派な家を建てたいというもの。妻はつねに留守番役で、新婚早々、家に残されるというケースも多かった。当時の旅は困難が多かったため、若くして夫に死なれ、余生を寡婦として過ごす者も少なくなかったという。

たとえ夫が商売で成功しても、気は抜けない。家で家財を守る役目を担っていた妻は、せっかく蓄えた財産を火災などで失う恐怖とつねに向き合っていた。そんな妻たちの不安を思うと、改めて胡重が進めた水路の造営の大切さに気づく。村に水路が走っていることは、火災から家を守りたい妻たちの心理的負担を大きく軽減したことだろう。

一方で、生活用の水を運んだり、洗濯をしたり、といった仕事も、かつて女性が担った労働の中でとくに大変なものだった。こちらも、水路があればずっと楽になる。豪商の中には、自宅内の一角に巧みに水路の水を引き入れ、洗濯場とした者さえいた。

このように考えを巡らすと、胡重が風水とともに重視したのは、女たちの暮らしやすさだったのではないかという気がしてくる。女たちの日常生活を見つめ、社会全体の要求と矛盾しないようにその不足を補った胡重の聡明さには、心底から感心せざるを得ない。

実際に村をそぞろ歩くと、村では今も水路が大活躍しているのを実感する。水道が普及している今も、外の水路は野菜や服などを洗うのに使われており、細い棒状の砧（きぬた）で服を叩いて洗う、昔ながらの洗い方も見かけた。合成洗剤を使わない、手にも環境にも優しい方法だ。もちろん、洗濯機が使えれば楽なのだろうが、長い年月を経て受け継がれ、それなりに合理的に進化した洗い方には、逆らい難い慣性があるのだろう。

あるじは村人たち

宏村の実用性と芸術性が融け合った環境は、二〇〇〇年に世界遺産に指定されると、さらに大きく変わった。ある若者は、世界遺産になったことで仕事の機会が増え、村を離れる若い人が減った、と顔をほころばせる。もちろん、世界遺産に指定されることの意味を、経済効果に限って語れば、制度自体の価値をゆがめてしまう危険を伴うが、過疎化や空洞化の激しい村が多い中国では、村に人が住み続けられるか否かが、村の景観を守るさいの大事な決め手となる。

そもそも黄山一帯は、「黄山毛峰（ホアンシャンマオフェン）」や「大平猴魁（タイピンホウクイ）」などの銘茶の里としてよく知られている。例えば宏村から一時間ちょっと車を走らせたところにあるお茶の里では、まるで生まれたばかりのように清らかな風がそよぐ中、村人が昔ながらのやり方で茶を加工する様子を垣間見ることができる。宏村でも、住民の三割が茶畑を持っており、あちこちで茶葉を煎る様子が目に入った。

付近に茶畑をもつというおじさんは、かつてはこの村から数キロの距離にある名所、黄山まで、観光客を相手に茶を売りにいっていたと語る。だが黄山が世界遺産に登録されると、個人がそこで茶葉を売ることは禁じられた。困っていたところ、一〇年後、今度は宏村が世界遺産になった。おじさんは自家製の自慢の茶葉で茶を淹れながら、顔をほころばせる。

「今は自分から出向かなくても、政府が宣伝して客を呼んできてくれるよ」

村の観光資源は、入村券の販売も含め、北京の民間企業が管理している。村の掲示板には、村の財務状況が、細かな支出の明細も含め、網羅的に記されていた。おじさんは得意げに語った。「入村料からの収益をちゃんと住民や建物に還元するよう、見張っているよ。ただで儲けさせはしない。あるじは僕らなんだ」

私は先ほどの「村に帰ってきた」村民のことを思い出しつつ、ふと実感した。風水も世界遺産への登録も一つの契機に過ぎない。住人たちが地元への愛着や生計を立てられる環境などを含めた、広い意味での恩恵を得られてこそ、文化遺産も村も活気づくのだ、と。

2

春は菜の花、秋は菊

江西省上饒市婺源県李坑村

清らかな山河の恩恵

徽州の一帯は古村を引き立てる豊かな緑や水辺の風景が魅力だ。黄山周辺の深みあるエメラルド・グリーンの湖、「翡翠谷」や、魂が洗われるようなすがすがしい風が吹く竹林は、一世を風靡したアン・リー監督の映画『グリーン・デスティニー』（二〇〇〇年）の空中での決闘シーンの舞台としても知られている。同作をめぐる話題がまだ絶えなかった頃、翡翠谷の近くの細く険しい山道で、オプションの移動手段となっていた駕籠を頼んだ。すると駕籠かきのおじさんは、「映画の撮影期間中は、主役の俳優たちを毎日籠で担いで運んだんだよ」と得意げに語った。故郷が著名な映画の舞台となったことは、村人たちの大きな誇りとなっているようだった。

徽州の古鎮の魅力は、そんな緑豊かな山々や清らかな水との親和感だが、なかでも伝統的な村落と菜の花畑のコントラストの美しさで知られているのが、江西省婺源（ウーユアン）だ。婺源は今でこそ江西省に属しているが、本来は徽州文化を受け継ぐ土地であり、昔は行政上も徽州に属していた。江西省に組み込まれたのは、中華民国期に地形的な条件によって省境が定められた後のことだ。

婺源には主要な村がいくつかある。その一つである李坑村（リーコンツン）を訪れると、歴史ある建物と自然が融け合った、まさに絵葉書のような風景に迎えられた。

村を貫く主要な通りは、古い水路や橋に寄りそうように走っている。実際の暮らしでは、水路は地上の道に負けず劣らず人々の日常に溶け込んでいるようで、今でも、上流から下流までのあちこちで、洗い物をしている人を見かける。

中国の南方では水路に貫かれた村は少なくなく、同じく水路が美しい湖南省の板梁鎮（バンリャンジュン）などでは、こういう水路を飲料用、食品洗い用、洗濯用などと、用途ごとに分けて区切っているのも目にしたことがある。だが、ここではアヒルなども泳いでいる水路で、鍋や食器から野菜や服まで、何でも洗っていた。私自身は目にしなかったが、「おまるも洗う」と言う人までいた。何でも一つの流れで洗うため、同じ婺源にも、それを不衛生だと嫌がる人はいる。でも、近くの山から流れ込んでくる水はとても澄んでいるうえ、村の人口規模は小さく、しかも今は上水道が別に通っているため、村人たちは水路と水道をうまく使い分けているようだった。

ネズミや菊の花にも機知

先述のように、婺源はかつて徽州文化圏に属していたため、人々は今も、高くせり出した四角い切妻に代表される、徽州建築の特色をもつ民家に住み、徽州らしい風習を保っている。富商や知識人を輩出した徽州文化の繁栄の名残は、いくつかの豪邸跡に残る精緻な彫刻からも感じ取れる。その図案のほとんどは縁起をかつぐためのものだが、なかには子供がじゃれていたり、大人が談笑しながら囲碁を打っていたりといった、とても生き生きとしていてユーモラスなものもある。

面白いのは、本来は人々にとって天敵であるはずのネズミでさえ、大きく堂々と彫られていたりすることだ。理由は「ネズミが大きく育つのは豊かな食糧がある証拠」だから。もちろん、これはちょっとひねった表現で、彼らがネズミを心からありがたがったわけではない。

新鮮な菊の花を選別し、乾かす菊茶工場。機械化により乾燥に必要な時間は大幅に短縮した

菊花
烘干机

どだ。

むしろ、村にはネズミを避けるため、食料を入れた籠を天井から吊るす風習が残っているほ

冒頭で述べたとおり、婺源といえば春のアブラナの花が有名だ。だが、秋には秋の「黄色」がある。それは菊の花や菊花茶の色だ。

李坑村でも菊の花の栽培や加工は行われているが、産地としてもっとも有名なのは、李坑から約二四キロのところにある暁起村で、ここで採れる菊、「皇菊」の歴史は清末の光緒帝の時代に遡るという。

ある日、婺源出身の役人が退職する時、皇帝が金塊でその労に報いようとした。すると役人はそれを断り、皇帝の庭にある薬用の菊の花の苗を所望した。本来は山を望みつつ菊の花を育てる、陶淵明風の隠居生活に憧れたからだったが、持ち帰った菊の花は婺源の気候に合い、香り高い花が驚くほど数多く咲いた。しかも茶にして飲むとおいしかったため、役人が宮廷に納めると、皇帝は国の瑞兆だとして喜び、その菊の花に「皇菊」の名を下賜した。

もともと黄金のような黄色は婺源のシンボルカラーだ。しかも菊花茶は運搬や保存が楽なため、交易品としてもお土産としても喜ばれる。意図的かどうかは不明だが、結果的に「金塊」より「地場産業」を選んだ役人の伝説に、私はつい、徽州商人の商魂のようなものを思い浮かべ、うなってしまった。

夕方の四時か五時頃だっただろうか。まだ明るいうちに李坑の目抜き通りを歩いていると、厄払いのための爆竹があちこちで鳴り始めた。ある村人の説明では、「牛鬼蛇神（妖怪などの悪者）」を追い払うためだと言う。

やがてあちこちの家の前で、紙銭を焼いた後、小さな台の上にご飯、肉や野菜の料理、酒などの供え物を並べているのが見えた。不思議に思っていると、住民の一人が、「今日は旧暦の一〇月一五日で、観音菩薩や先祖を拝む日なのだ」と教えてくれた。その日に李坑を訪ねたのはまったくの偶然で、あらかじめ意図していたわけではなかったので、私は自分の幸運ぶりに驚いた。李坑ではこの他、旧暦の三月一五日と七月一五日にも、先祖を祀る風習があるという。

そもそも、私が李坑を訪れた二〇一六年一一月一四日は、六八年ぶりのスーパームーンの日、つまり満月が地球に最接近する日だった。そこで私はむしろ古鎮と満月の組み合わせを観ようと張り切っていたのだが、あいにく、空は曇りで月など片鱗も見えなかった。その不運は、年に三回しかない祭日との奇跡的な巡りあわせにより、十分償われたことになる。

ヤマモモ酒の深い味わい

夕食時には、食堂の主が「祭日だから」と、手作りのヤマモモ酒をふるまってくれた。印象深かったのは、その食堂の入り口に腰掛けて、家族や近所の人と談笑したり、食事客の相手をしたりしていた、看板娘ならぬ看板おばあさんだ。方言が強くて、話はほとんど聞き取れなかったが、何となく上品な感じがある、と思っていたら、新中国ができた頃、ブルジョア階級の娘と分類されたことで大変苦労したという。当時は、家屋を没収されたうえ、毎日、通りの掃除などをさせられた。その没収された家は主を変え、今は文化財として保存されているという。その後も生家を取り戻すことができなかったおばあさんは、一度は村を出たもののの、やはり生まれ育った村への愛着は捨てがたく、最終的にはすでに結婚している娘の家で、娘一家と一緒に住むことにしたそうだ。

一見平和で長閑に見える古鎮だが、さすが中国だ。お年寄りの多くにはやはり政治的荒波に揉まれた経験がある。互いの顔をみな知っている小さな村で、文革などの過激な政治的事件が起きると、その後の人間関係に大きなしこりが残ったであろうことは想像に難くない。かつて自分が住んでいた家に他の人が住んでいるのを眺めつつ、通りの掃除をさせられるのはどんな気分だろうかと想像し、そんな思いをした街でも帰ろうと思ったおばあさんの郷愁の強さを思った。

その晩のヤマモモ酒は、心に染みわたるような、しんみりとした味わいだった。

3

ティーロードの出発点

湖北省赤壁市羊楼洞村

茶商人が集った街

湖北省赤壁市の郊外にある羊楼洞（ヤンロウドン）は、周辺に茶畑や野菜畑などが広がる、のどかな田舎町だ。だが、その旧市街地を貫く表通りを歩くと、ひしめくような家並みから、かつてはただならぬ繁栄を誇ったことが伝わってくる。この通りには、「明清石板街」という名がついているが、これは観光客向けの名称で、北から南に連なる三つの通り、松峰路、廟場路、復興路の総称だ。

私が訪れた二〇一七年の五月は、表通り全体が大規模な改修工事の最中で、どこもかしこも閑散としていた。商売を続けている店もいくつかあったものの、全体的な雰囲気はや

磚茶の製法を展示。加熱して揉み、乾かした茶葉を積み上げ、
半年以上かけて発酵させせる

はりお休みモードで、私が歩き疲れているのに気づいた街の人は、しばしば「座っていったら？」と腰かけを差し出してくれた。

旅人に寛容なのは、羊楼洞の歴史とも関係が深そうだ。発酵した茶葉をレンガのように突き固めた「磚茶（せんちゃ）」の生産が盛んな羊楼洞は、風味のある「青磚茶」、「米磚茶」、「紅茶」などの産地として名を馳せ、古来、国内外の無数の茶葉商人たちを引き寄せてきた。全長二・二キロほどの石畳の道には、茶の売買で名を馳せた地元や山西の商人らを筆頭に、遠くはロシアやイギリスからも茶商が集い、「大茶市」を形成したという。

羊楼洞ではすでに唐代から皇帝の詔によって茶の栽培が始まっていたが、大々的に発展したのは、元末の戦乱がきっかけだといわれ

地元産の磚茶。通気の良さが大切なため、紙の包装が多い。
塊を少量ずつほぐして飲用する

ている。当時、後に明の開祖となる朱元璋の軍隊に羊楼洞の茶農家出身の者がいて、朱元璋とともに現在の新疆ウイグル自治区とモンゴルの境辺りに遠征していた。軍隊では体調を崩し、腹痛に悩む兵士が多かったが、その男が彼らに故郷の蒲圻（現在の赤壁市）で採れた茶を飲ませたところ、回復した。それを覚えていた朱元璋が明王朝を開いて皇帝の座についた後、臣下に蒲圻の隠士を探しにいかせると、その息子の劉玄一が茶を植えていた。劉玄一が皇帝に茶に名をつけるよう頼んだので、皇帝は「松峰茶」という名を下賜した。それ以来、羊楼洞は劉玄一が最初に茶を加工した場所、松峰茶は皇帝に名付けられた茶として広く知られるようになった。

　中国に茶葉の産地は多いが、茶葉の加工が

できる場所は限られている。羊楼洞の技術は時代を経るにつれて発達し、清代後半になると、羊楼洞の磚茶の交易は最盛期を迎えた。発酵させた茶葉をレンガのように突き固めた磚茶は、ただ保存や運搬に便利なだけではない。モンゴルなどでは長らく、通貨代わりに使われたという。中でも、筆画の少ない商標、「川」の字が刻まれた磚茶などは、漢字を読めない遊牧民の間でもその価値が判断しやすかったため、重宝されたようだ。

茶葉をめぐる熾烈な争い

一九世紀後半以降は、より大きな利益を求める外国の商人らも、羊楼洞で茶葉の加工に携わるようになる。最初に乗り込んで来たのは、第二次アヘン戦争（アロー戦争）で勝利したばかりのイギリスの商人や、茶葉貿易を山西商人が牛耳っていることに長らく辟易していたロシアの商人たちだ。第二次アヘン戦争の調停に功績があったロシアは、一八六三年、清政府から得た特別待遇を盾にして、商人リトヴェノフを送り込んだ。リトヴェノフは羊楼洞に中国初の近代的な茶葉工場「順豊磚茶廠」を建てた。その後、清末から民国期にかけて、アメリカ、ドイツ、日本などの茶商もここで茶工場を開いたという。

茶葉貿易は利潤の大きな商売だったこともあり、各地の商人は熾烈なライバル争いをした。

とくに山西商人とロシア商人の競争は国の優遇政策も絡んだ、複雑で激しいものだったため、優遇されなかった側の山西商人はかなり苦戦したようだ。

時が下り、ロシアで十月革命が起こると、ロシアの貿易会社は閉鎖を強いられ、圧迫されていた国内の茶商は勢いを盛り返す。だがやがて、ロシア系の商人は今度はドイツ製の蒸気機関車を持ち込んで改良し、「磚茶」の圧縮に用いた。「磚茶」の製造が初めて機械化されたのだった。そうして生まれた茶葉は「火車頭」ブランドを冠せられ、今も羊楼洞の名物となっている。

何はともあれ、羊楼洞産の茶葉は商人らにより、洛陽、大同などを経て、北は内蒙古やロシア、西は西北地方や新疆、青海、チベット、さらに遠くは中央アジアやジョージア、イギリスなどへも売られていった。こういった羊楼洞発の交易網の国際性は、当時、ロシア系の工場が母国語で刷った茶のパッケージなどを見ても、実感として感じられる。解放後、毛沢東がスターリンの誕生日を祝うためにソビエトに渡った際、羊楼洞の磚茶を手土産にしたといわれているが、かつて清朝がロシアの商人を優遇した歴史を踏まえていたのかどうかは分からない。

戦争で興り、戦争で滅ぶ

このように、羊楼洞の歴史は、茶の加工と交易を核として形作られ、その繁栄も茶葉貿易に支えられていた。羊楼洞で茶葉の店を開いているおじさんは、中華民国期の羊楼洞の繁栄をこう語る。「湖北省全体の茶のマーケットの歴史からいうと、『先に小漢口（羊楼洞）があり、次に大漢口（武漢）ができた』とも言われているんだよ」

そしてその繁栄は、茶商同士の激しいライバル争いを巻き起こしつつ、民国期の頭まで続いた。最盛期には二〇〇軒の茶舗が連なり、〇・七平方キロの面積に四万人が住んだという。建物のほとんどが二階建て以下だった頃のことだから、その密集度は推して知るべしだ。当時の中国ではまだ珍しかった郵便局、電報局、無声映画の映画館などが、湖北省南部でいちばん早い時期にできたのも羊楼洞だった。

だが日中戦争が始まると、羊楼洞の製茶産業は爆撃で壊滅的な打撃を受ける。地元の人はその衰退を「羊楼洞の茶業は戦争で興り、戦争で滅びた」と自嘲する。茶の加工工場も、解放後はとなりの趙李橋鎮に移った。

現在、表通りを南へと向かい、古くからあるという将軍廟や、比較的新しいが、多くの信仰を集めている円通寺の前を抜けると、「洞天福地」と呼ばれている施設がある。かつて茶商の荘園があったところで、近年、再開発と整備が行われ、博物館や飲食、宿泊の機能を兼備した総合的な観光用施設となっている。

意外だったのは、この敷地内に、安徽省馬鞍山にあった私塾、北麓書院の建物が移築されていたことだ。かつて羊楼洞の氏族の子弟の多くがここに通ったためらしい。ではなぜ、彼らは安徽の私塾に通ったのか。確かに、安徽商人の文化は強い勢力を持っていたので、商売のコツを学ぶのに、最寄りかつ絶好の場所だったのだろうが、同時に、激しいライバル関係にあったはずの山西商人への対抗意識も働いていたに違いない。

この書院跡は現在、誰でも参観が可能で、中は薄暗いが、茶葉をつき固めてレンガ状にする器具や、かつての羊楼洞の風景を伝える写真などが展示されている。あちこちに残る彫刻も、大変精緻で美しく、見応えがある。

その後、地元の食堂のお兄さんから、「昔、洞天福地は名門中学の敷地だった。祖父の代から自分の代まで、親子三代、ここに通ったんだ」という話を聞き、驚いた。つまり、北麓書院がここに移築されたのは、近代以降、ここが名門校だった伝統をまがりなりにも受け継ごうとしたからなのだろう。

商人の街の損得勘定

石畳の通りを南の端近くまで歩いたところで、暑い日だったので、道端のスイカ屋でスイカを買った。売り子のおばさんは、「おいしいスイカを選ばせたら百発百中だよ」と豪語する。実際、おばさんが選んでくれたスイカは、ほどよく熟れていて、とても甘かった。スイカを売るのにも立派なプロ意識があることに、私はさすが商人の街だ、と好感を覚えた。

店のすぐ近くに川が流れており、その水はとても澄んでいた。「排水用とは別になっているから、飲むこともできるよ」とおばさんは言う。そう聞くだけで、不思議とスイカまで、ますますおいしく感じられてくる。おばさんは、冬はさとうきびを売っているそうだ。そのさとうきびもきっと、水分たっぷりで甘いのだろう。

さらに歩いた後、二〇〇年以上の歴史をもつ民家でひと休みさせてもらった。夏でも長袖を重ね着せねばならないと家の主が言うほどひやりとした空気に満ちたその部屋は、避暑にはぴったりだったが、冬はずいぶんと寒いとのことだった。奥に急こう配の階段があり、私はふと、学生時代に下宿した京都の町屋の階段もこのようだったのを思い出した。

ここで私は、一介の旅人に対する家の主のあけっぴろげな好奇心に面食らうことになっ

整備が行われている最中の目抜き通り。全長は2.2キロ。
沿道には明清期の建物が並ぶ

た。幼い頃からこの家に住んで来たという八四歳のおばあさんから、質問攻めに遭ったのだ。おばあさんは、私が泊まっている宿の宿代から、買ったもの、食べたもの、そして北京からの交通費まで、あれこれと事細かに値段を尋ねてきた。聞くと、おばあさんの家は昔、薬屋だったということで、私は気おされながらも、さすがライバル争いを生き抜いてきた商家の末裔だ、と舌を巻いた。もしかしたら、地元の人のぼったくり度を監視していたのかもしれない。近所の誰が信頼できる商売をしているかは、古来、この街では不可欠の予備知識だったはずだ。

　羊楼洞で出会った住民の多くは、このように人のことを詮索するのが好きだったが、その代わりに、自分たちの生活についてもわりと気楽に話してくれた。ある足が不自由なおばさんは、少し前まで自分がかご編み工場で働いていたことや、一日に五〇個から六〇個作ることができたので、収入はまあまあだったのだ、などといったことを、こちらがつっこんで尋ねたわけでもないのに、詳しく語ってくれた。

時とともに深みを増す

正直、羊楼洞に来るまで、私は磚茶を「新鮮な茶葉が手に入らない地方」の人々のための長期保存用の茶に過ぎないと思っていた。だが、現地でいろいろと飲み比べているうちに、その味の奥深さに気づいた。

お茶にこだわりがある土地柄だけに、地元の人は水にもうるさい。ある食堂で出た磚茶があまりにおいしいので驚いていると、「毎朝、近くの山の泉まで水を汲みにいっている」ということだった。

磚茶は、時間をかけて楽しむお茶だ。そして年月を重ねるにつれ、茶葉の風味が増し、価値も高まっていく。淹れる時も、普通の緑茶と違い、水に入れて沸騰させ、麦茶のようにゆっくりと煮出して飲む。それは、流れる時間に身を委ねることで味わいが増していく古い街とどこか似ている。

都会と違い、田舎町のここでは、住宅はみな「私房（スーファン）（私有住宅）」で、今回の改修にあたっては、多くの人がデヴェロッパーに家屋を売り渡したという。もともと他の場所に家屋を持つ住民も多く、街の過疎化が進んでいたらしい。その一方で、修復費用の一部を負担してでも残ることを選択した住民もいた。プロジェクトの成果は未知数だが、通りのあちこちで工事が進行中で、観光地化への足音はしっかりと聞こえてきた。

今の羊楼洞ではまだ、街の今昔をよく知る地元の人が、地元の水で地元のお茶を楽しみながら、潤いのあるゆったりとした生活を送っている。だが街並みの整備が終わり、外から大々的にテナントを募れば、どうなるだろうか。地元色は薄れ、暮らしのリズムも変わってしまう可能性が高い。

私はふと、先ほどの茶舗の主が、「観光化と文化財の保護は矛盾する」と語っていたのを思い出した。もちろん、文化財も「文化」の二字を冠する以上、保護に終始するのでなく、新たな視点から見直したり、長い目で育てたりするべきだ。ある程度の外部からの刺激も、その助けとなり得ることだろう。だがその刺激があまりに急で大きいと危険だ。

茶舗の主の話によれば、湿度や温度の差からか、磚茶は寝かせておいた場所によって、淹れたときの味がだいぶ変わるそうだ。「たまたま、北方で寝かせておいた磚茶を飲んだこともあるけれど、地元で寝かせたものと、味わいがだいぶ違った。好みの差だろうけど、やはりぼくは羊楼洞で寝かせたものをおいしく感じるよ」。ふるさと自慢というよりは、心の底から出た本音らしきその言葉に、私は羨ましさを覚えるとともに、何かほっとするような気分になった。

5章

開発と保護の狭間

アクセス

洛陽（洛阳）

「北京西駅（北京西站）」でK507号の列車に乗り、「洛陽（洛阳）」で下車、駅を出て41番バスに乗り、「老集（老集）」にて下車。

西塘（西塘）

「上海南駅（上海南站）」より7:10から17:54まで1時間ごとに「西塘（西塘）」行きのバスが出ている。「上海バスターミナル（上海汽车总站）」（中興路1666番地）からも、7:20から18:30まで「西塘（西塘）」行きのバスが出ている。

師家溝（师家沟）

「北京駅（北京站）」よりK603号の列車に乗り、「霍州（霍州）」で下車、駅を出て「師家溝（师家沟）」までタクシーで30キロ。

十八梯（十八梯）

「上海駅（上海站）」からD952号の列車に乗り、「重慶北駅（重庆北站）」にて下車、「重慶北駅南広場（重庆北站南广场）」から地下鉄3号線に乗り、「両路口（两路口）」にて1号線に乗り換え、「校場口（校场口）」にて下車、駅を出て徒歩で500メートル。

1

都大路の今昔

河南省洛陽市

都、洛陽の余韻

「都大路」。まさにそんな言葉を思い浮かべてしまう通りがある。洛陽（ルオヤン）の旧市街を十字に貫く、東、西、南、北の大街だ。まずは、堂々とした城門から西大街に入り、素朴な感じが残る南大街や、伝統文化関係の店が多く残る東大街を順番に歩く。すると、道行く人の身なりや店の構え、そして売っているものは昔とはだいぶ違うはずなのに、どこか無意識の領域の記憶のようなものが反応し、洛陽がまだ正真正銘の都であったころの賑わいが、脳裏にさざめくように蘇る。

賑やかなところはとても賑やかなのに、少しだけ静かな一角に行くと、どこからか人に飼われた小鳥の麗しい声が耳に届く。一本角を折れると、植木市が立っていて、沿道にさまざまな花や植木が並んでいる。かなりの喧噪の中で、白いあごひげを長々と垂らしたおじいさんが、絶え間ない人の往来をものともせず、人物画をゆったりと描いている。

このような、近代の都市ではなかなか得られない「長閑さ」は、古都洛陽のもつ一種の「余裕」から生まれるものに違いない。何せ東周で国都となって以来、後漢、三国の魏、西晋、北魏、後唐が洛陽に都を置き、隋や唐の時代にも副都としての東都が置かれたのだ。長安や北京と並ぶ、その「都」としての悠久の歴史は、数度訪れただけの旅行者にも、ずしりと感じられる。明清以降の停滞も、この街を経済発展による急激な近代化や西洋化から守ってきた。

もっとも、この街だけが今の中国で蔓延している画一的な近代化を免れられるというのは、やはり幻想なのだろう。地元の人の話によると、この街が現在もつ「落ち着き」は、「余裕」からだけではなく、ここ数年の間に生じた、急激な人口減少の裏返しでもあるようだ。じつは近年、街の大部分が再開発のターゲットとなったことで、立ち退く住民が増え、今は「街の半分が空っぽになっている」という。

古い建物を取り壊した後の、擬古的な新しい街の建設。それを「嵐」に例えるなら、「嵐の前の静けさ」のようなものがそこにはあった。本来は住民本位で徐々に塗り替えられていたこの地の景観や構成に、強制的なストップモーションがかかった結果、真空パックのように、少し前の状態が保たれていたのだ。

押し寄せる変化の波

つまり、時間の流れがごく緩やかに見えるこの街でも、新陳代謝は確かに進んでいた。そもそも伝統的な看板を作る店が繁盛していたのも、新たに看板を掛け替える店が多かったからだ。東大街でも桐で作った板に対になった句を刻み、ニスを塗っている光景に出会った。中国ではしばしば、旧市街の整備の際、各店の景観や業種が伝統的なものへと再編される。それが吉とでるか凶とでるかは状況次第だが、その時に確実に繁盛するのは看板屋だ。

東大街をさらに東に進み、鼓楼に近づくと、近々取り壊されることを表す「拆（チャイ）」の字が目立ち始めた。旧市街から少し離れたところでは、擬古風の建物が並ぶ、新たなショッピング街も建設されつつあった。

もっとも、洛陽はいささか「古すぎる」古都であるため、もともと掛け値なしの古跡もそこまで多くはないのが実情だ。地元の人の話によると、実際には、洛陽城の西門にあたる麗景門や北門の安喜門などは後からできたもので、本物の古跡といえるのは、東大街の鼓楼と旧城の東南部にある文峰塔だけだという。

東西南北の「都大路」の中では、比較的変化が少なく、古くからの外観を残しているのは南大街だ。確かに、南大街を歩くと、少し落ち着いた雰囲気を感じる。地元の人の話では、比較的賑わっている東大街と西大街は、すでに統一的な都市計画に基づいて整備されているが、南大街が取り壊しや再開発の対象になるかどうかは、まだ決まっていないのだそうだ。

南大街沿いの築一〇〇年以上の建物で育ったという女性によると、洛陽でも北京などと同じく、デヴェロッパーに気に入られたエリアは急速に取り壊しと再開発が進むが、それ以外の場所は放っておかれるという。続けて「自宅にトイレを作ったが下水道が細いため不便だ」とか、「街には昔、街路樹があったが、切られてしまった」とか、「旧市街をぐるりと囲っていたお堀は、以前は今よりもっときちんとしていた」とか、「以前は木造の高い建物が通り沿い全体に並んでいたが、今は一部しか残っていない」などという話を聞きながら、私はこの街のたどった運命が北京の旧市街などの運命とほとんど変わらないことに気づいた。中国で古い街並みが直面する状況や問題には、良くも悪しくも、共通点がとても多い。

生活本位から観光本位へ

「昔の洛陽では住民たちの生活上の需要に合わせ、何年もかけて一つの市場ができたものだ」と、東大街で店を開いているおじさんが語った。「この街にある多くの経帷子（きょうかたびら）の店は、以前は同じ業種だけで一つの市場を形成していた。昔はそういった店はこの街の住人のために商売をしていたんだ。この他にも飲み食い、排泄、生死に関して、みな商売にしている人がいて、それは数百年の間に形成されたものだった。近郊の県に住む人たちも、洛陽のどこに行けば何が買えるかを知っていた。この小さな町で、葬式用品から裁縫道具などの生活用品までが、すべて買えたんだ。だから洛陽の旧市街はどこより便利な場所だった」

東大路にある鼓楼。創建は明代。
かつてはここで定期的に太鼓を打ち、
人々に時を告げた

だが、観光用に街を改造してしまえば、その蓄積は失われる。おじさんも、「改造をすれば必ず、儲かる商売があれば、誰もがそれをするだけになる」と危機感を露わにする。その変化がすでに一番顕著に表れているのが西大街だと言う。「西半分の通りは、以前とはだいぶ変わってしまった。昔は西大街には病院、写真館、時計屋などがあったんだよ。でも二〇年前に変化が始まって、やがて地元らしさがなくなり、他の街と一緒になってしまった」。特色がなくなり、街の魅力が減っても、「家賃」はむしろ上がる。昔の洛陽に愛着を抱く洛陽っ子の店子にとっては、まさに泣くに泣けない情況だ。

おじさんは最後にこう言った。「ここの城壁は、来る人来る人が壊していった。日本軍、国民党、共産党、みなそうだ。来る時は修復するが、去る時には壊していったんだよ」。占領しに来る時はある程度建設的なこともするが、分が悪くなったら、後々の住民の暮らしなど捨てて顧みない。もしそういう意味であれば、デヴェロッパーとて、軍隊とそう変わらないんじゃないか。そんなおじさんの心の声が聞こえてくるようだった。そう、歴史ある街にとって、巨大な資本は十分、凶器にもなり得るのだ。

街に響く楽器の音

だがそれでも洛陽の街は、他の古都に比べればまだずっと、観光化される前の落ち着きが残っている方だといえるだろう。ちょうど東大街に入った頃、子供たちが華やかな舞台衣装を身につけているのが目に飛び込んできた。伝統劇の衣装を売る店から、買いたての衣装をつけて出てきたらしい。これから稽古かリハーサルにでも行くのだろうか。北京などではとっくに、伝統劇の衣装などを売る店は、目立たない細い通りに押しやられているが、洛陽ではまだ、そういった店が繁華街の目抜き通りに堂々と残っている。しかも通りには、ロバに扮するための芝居用の小道具が、まるで「忘れ物」のように何げなく置かれていた。

それだけで十分に雰囲気があるのに、さらにその近くの伝統楽器の店から笛や弦楽器の生演奏の音が聞こえてきた。思わず惹きつけられる、芯のある音色だ。店に入ると、笙や板胡を手にしたおじさん三人が、豫劇の曲を迫力たっぷりに演奏していた。

豫劇とは、河南省の伝統劇の総称だ。板胡とよばれる、二胡と似ているが蛇腹の代わりに板を貼った擦弦楽器を生かすのが特色のようで、笙を吹いている、気の良さそうな叔父さんが、「板胡の役割とは、いわば歌を歌う人のようなものだよ」と教えてくれた。ロックバンドでいえば、いわばリードヴォーカルだ。果たしてその日も、板胡の突き抜けるような音が全体の音楽をリードしていた。バンドの三人は、音の伸ばし方、間の取り方、そして装飾音などを、実際に演奏してみた後でワイワイガヤガヤと話し合い、じっくりと検討している。とても楽しそうだが、その演奏のレベルはとてもアマチュアとは思えない。

そこで話を聞くと、プロの劇団「東都芸術団」の人たちが、各自暇を見つけては、二、三ここに集まり、稽古をしているという。劇団員は全部で二〇人から三〇人いるが、ふだん集まれるのは数人。この楽器店のスペース自体も、劇団が提供しているものだ。中国では演奏の担い手の減少に伴って、伝統音楽の文化の継承が難しくなっていると聞いていただけに、彼らの存在はとても貴重に思われた。それにしても、似たような楽団が、街の路地の奥の、古びた民家の中庭などで練習しているのは観たことがあるが、こんなに繁華な商店街に堂々と稽古場を持っているのは、珍しいのではないだろうか。

だが残念ながら、彼らに出会えたのは、純粋に運の良さによるものだ。稽古はいつも行われているとは限らず、しかも公演も、今は偉い人に呼ばれた時などに出張演奏するだけで、定期的な演奏会などは行っていないということだった。

この他にも「文房四宝」と呼ばれる書道用品や、画材、漢方薬、葬祭用品、伝統楽器、伝統演劇・舞台用品、伝統音楽の楽隊の出張公演の事務所など、伝統文化と関係がありつつも、ちゃんと住民の需要にも基づいていて、単なる「土産物」ではない商品を扱う店がまだまだ多いのが、東大街の得難い点だ。景気はそこまで良くないのだろうが、このような採算はとれなくても精神を豊かにしてくれる場所があることが、街を魅力的にするのだろう、とつくづく思った。

洛陽っ子の食へのこだわり

十字路付近には、篆刻屋さんが何軒かあった。頼めばその場で名前入りのハンコを彫ってくれるという。じつはそんな店の一つで出会った彫り師のおじさんは、洛陽の文化に最大級の誇りを持つ、根っからの洛陽っ子で、ハンコ彫りより、洛陽自慢の方に熱心なくらい、話好きだった。そして、「杜甫も白居易も洛陽ゆかりの人だった。中国の文化の多くは洛陽が起源だ。中国文化がなければ、漢族などとっくに滅んでいたさ」と主張した。

そんな話を聴きながら表通りを眺めていると、日が暮れ始めた頃から、荷台の上で軽食が売れるような形になっている露店の車が、数珠つなぎに、すさまじい音と勢いで北大街の北端の広場に向かって移動していった。晩の六時から始まる夜市に向かうらしい。「炒めヨーグルト」のような奇妙奇天烈な食べ物を売る車も、定番の羊肉などの串刺しを売る車も、まるで、街の大動脈が一気に脈打ち始めたかのように流れてゆく。

よどみなく続く屋台の流れを見ながら、堅苦しい話はやめ、今度はおじさんに、ぜひ洛陽で食べておくべき名物について聞いてみた。すると、「任せておけ」とばかりに、今度は食べ物をめぐる蘊蓄(うんちく)が山ほど飛び出した。とくに、粉ものやスープについての博識ぶりには舌を巻いた。

外の通りには山ほど「洛陽名物」を看板に掲げたレストランがあるが、おじさんによれば、「もう旧市街には本物はない」そうだ。名物として売られている「肉夾饃(ロウジアモー)（羊肉ハンバー

歴史ある街にはハンコ屋が多い。
洛陽のこの店でも、頼めばその場で印章を彫ってくれる

ガー）」にしても、今のように円い形をしているのはみな陝西省のものだと言う。

「洛陽ならではの『肉夾饃』とは、四角い布袋みたいな形だ。パンは別に『布袋饃』と名付けられていて、中に挟む肉とは別々に売られており、肉は五元分買うことも、一〇元分買うこともできる。肉とは『鹵肉』と呼ばれる煮込んだ赤身の豚肉やバラ肉のことで、調味料で味付けされているんだが、醤油は使わないので、出来上がったものは白いんだよ」。

昔はそんな洛陽風の「肉夾饃」を造る店がこの通りにもあったが、今はみな追い出されてしまったという。おじさんはさらに、「青年宮広場の角っこに、まだ地元風の『肉夾饃』を売っている店があるよ」と、お勧めの店を教えてくれた。

食べ物関係の店が目立つ洛陽の西大街。
牡丹餅は洛陽名物の牡丹の花を使った菓子

もちろん、陝西風の「肉夾饃」もおいしいことはおいしいのだが、その基本形である円い形は、中国の他の大都市で売られているものと変わりがない。観光地化、商業化とともに、飲食業に参入する外地の人が増えた結果、効率化が進み、手の込んだ本場ものを作ろうとする人が外に追いやられてしまったのだ。

朝は肉入り、夜は野菜

だが、本物を知る古い住民が住み続けているうちは、まだましなのだろう。食事の「地元色」は、朝ご飯にも強く表れたりするものだが、おじさんによれば、洛陽では「朝に肉」という昔からの食生活が守られていて、朝に肉入りスープを飲んで、晩は野菜スープを飲む習慣があると言う。確かに夜に野菜スープ、というのは胃の負担が少なそうだ。おじさんも、「健康管理の地域的特色さ」と分析するような口調でまとめた。

話はさらに続いた。「洛陽は『水席』もいいぞ。水席とは流水席の略だ。南方の料理のように一気に出すのではなく、食べ終わるごとに片づけ、流れるように次の料理を出すんだ。水席のもう一つの特色は、料理の中にいずれも『湯（スープ）』が入っていることさ」。この水席とは昔、お祝い事などがある時に設けた宴席のことで、洛陽では「四つの野菜料理と四つの肉料理を含む、八つのスープ入り料理を用意し、さらに一二皿の熱い料理を準備した」と言う。「主要な料理をひと皿出すたびに、小皿料理を二皿出したんだ。宴席の最後にも卵スープを出したが、それは『滾蛋湯』と呼ばれていたよ」

話題はここからスープへと移り、おじさんはこう主張した。「洛陽で食べるなら、やっぱりスープだ」。そして、中国の漫才に出てくる早口言葉のように、スープの名を羅列する。「豆腐湯、丸子湯、牛肉湯、甜牛肉湯、羊肉湯、不翻湯、驢肉湯……。洛陽では、朝は数十種類のスープを売っていて、十数元あれば満足に食べられる。どのスープにはどの餅（パン）が合うかというのも決まっていて、不翻湯には薄い餅で、豆腐湯は生地を半ば発酵させて作った油餅だ」。おじさんは、さらにこう言い足した。「洛陽の料理は酸っぱさや辛さにこだわるが、その辛さはあくまで胡椒の辛さなのさ。トウガラシの辛さじゃないんだ」

聞いているうちにどんどんお腹が空いてきた。だが、それと反比例するように、帰りの列車の時間は近づく。「食欲」をかなり強引に「知識欲」に転換させて乗り切った私は、まだまだ話し足りなそうなおじさんに別れを告げ、帰りの列車に遅れまいと、急いで駅へと向かった。結局、洛陽で食べようと期待していた夕食は、一口も食べられなかった。

2

変わりゆく水郷

浙江省嘉興市西塘鎮

深い庇の下で街歩き

水辺の風景には心が潤されるものだが、その水面に趣ある建物が映ればなおさらだ。物流を水運に頼った時代の名残で、中国の江南地方には運河を中心に形成された古鎮が多く、近年、その古風な美しさが再評価され、多くの旅人を惹きつけている。

浙江省嘉興市にある西塘（シータン）もそんな水郷の一つで、歴史は紀元前に遡る。唐や宋の時代から次第に街が形成され、元代以降は食料の交易などによって栄えた。

現地に到着して最初に驚いたのは、条件に合う民宿にたどり着くまでの、長く曲がりくねった道だった。屋内にある狭い通路なので、昼でも薄暗い。裕福な商人が住んでいた巨大な屋敷が、解放後に細分化され、庶民の住宅として再配分されたことで生じたものらしい。その後、このような建物内の通路が、小さな店の並ぶ商店街のようになっている場所もあることに気づいた。

通路沿いの店の中には、書画や貝殻を使ったボタン、銀を材料とした装飾品など、芸術作品や手工芸品を売る店も目立った。古鎮ではよくあることだが、テナントを募る際に、伝統文化と関わる品やクリエイティブな商品を扱った店が多く入るようコントロールしているのだろう。

一方、ゆったりと流れる水路に出れば、沿岸には明清時代の風格を今に伝える伝統的な建物が延々と続く。店舗側から張り出した屋根が連なり、日本のアーケード付き商店街のようになっている場所が多いのは、雨の多い土地柄からだ。屋根がある分、店舗も通路との間の壁を減らし、開放的に、行楽客に見やすいように品物を並べることができるので、一石二鳥だといえる。ちなみに、二〇〇六年のハリウッド映画『ミッション：インポッシブル3』では、こういった屋根が現れたりなくなったりする西塘の通りを、主演のトム・クルーズが全速力で駆け抜けていく。

西塘は細い横丁がいくつも走っている街だが、その横丁をまたぐように渡り廊下ができている場所があった。かつて、地元に根を張る裕福な一族が、新たに財産を築いた後、横丁を挟んで隣にある屋敷を買い取った。その新しく買った屋敷と自分の屋敷を直接行き来できるよう、互いの二階部分を渡り廊下でつなげたのだ。商売の世界にしても、官僚の世界にしても、競争や盛衰は激しかっただろうから、必要や財力に合わせてパズルのように、所有する屋敷を組み合わせたり分割したりしたのだろう。

新しくて古い橋

西塘は、土産物屋や食べ物屋、ブティック、バーなどの間に古い建物を利用した博物館や記念館、寺院などが散在しているので、ぶらぶら歩くだけでも楽しい。とくに上海の若者たちにとっては、気軽に訪れられる、格好のデートスポットでもあるようだ。夜も夜で明かりがついてきれいなものの、店じまいが意外と早いのは、田舎町だからというだけでなく、やはり都市部からの日帰り客が主なターゲットだからだろう。

西塘とよく似た発展の経路をたどった上海周辺の古鎮に、同じく水郷として知られ、西塘から北に車で一時間弱ほどの位置にある周荘がある。九〇年代前半にここを訪れた時は、まだ知名度が高まり始めたばかりの静かな古鎮だったが、その後急速に人気が増し、やがて観光客の溢れかえるような多さがジョークのように語られるまでになった。西塘もまるでその

二つの屋敷の2階部分を結ぶ渡り廊下から横丁を見下ろす。表通りと比べるとだいぶ静か

かつて富を誇った商家の屋敷。
内側だけに開かれた構造は、防犯に効果的だった

後を追うように、古鎮としての文化的価値が認められ、観光地として整備され始めたのは一九九七年頃からで、それ以降、劇的なペースで観光客が増えたという。

「観光地化」は、西塘に新たな景観ももたらした。現地で民宿を営むおばさんが、今は貴重な「名所」となっている太鼓橋、「環秀橋」を指して言った。

「あの橋、いかにも古そうに見えるけれど、つい十数年前までは、平たい橋だったんだよ」。橋に伝統的な美しさをつけ加え、橋の上からの景色も良くするため、掛け替えられたらしい。通り沿いの古めかしさを感じる建物のほとんども、従来のものを壊し、新たに建て直したものだという。

いわば偽の文化財が本物を駆逐したわけだ

水路が街の中心部を走っている。
かつてはここを多くの舟が行き交った

が、太鼓橋や街並みをバックに、観光客が次々と嬉しそうに記念写真を撮影している様子を見ると、観光地としての整備が大きな効果を生んだことは否定できなかった。

その繁栄は、他の地方の人々をも次々と惹きよせた。おばさんの話では、現在、西塘で商売をしている人の過半数は西塘人以外で、さらにその半分以上は安徽省の出身者が占めているという。上海や北京からわざわざ店を開きに来る人もいるそうだ。

そのせいか、通りに軒を連ねている店の面々はバラエティ豊富だ。西塘名物の菓子店のすぐそばに、アメリカのカントリー風の喫茶店があったりする。あるバーからは日本のポップソングまで聞こえてきた。

加速した街のリズム

古鎮が観光地として発展したことは、商売上の競争も激化したことを意味する。

お腹が空いたので、地元の人が長年営んでいるという食堂に入った。店の人によると、この店は「今日で店じまい」だという。理由を問うと、「観光客のあまりの多さに疲れた」から。家族経営で大量の客をさばくのには限界があり、他の人に貸して家賃収入を得る方が楽だと判断したのだ。

いわば「いちげんさん」に過ぎないのに、そのお店の長い歴史の最後の一幕に居合わせてしまった私は、光栄なような、気まずいような、そしてそこはかとなく哀しいような、微妙な心持ちを覚えた。

近年の西塘では、春から秋にかけての旅行シーズンとそれ以外で、街の雰囲気ががらりと変わるようになった。シーズン中は、ホテルの宿泊費が何倍にも跳ね上がり、商店の営業時間も長くなる。反対にオフシーズンはどこもかしこも閑古鳥が鳴く。観光業の発展は、それまでこの地に流れていた、穏やかな生活のリズムをすっかり変えてしまった。

西塘で育ったというおじさんによれば、今でこそ観光用の遊覧船しか見られないが、解放直後くらいまで、水路ではさまざまな品を輸送する船が往来し、船上での売買も行われていたという。また、三〇年くらい前までは漁もできたらしい。

「故郷の急激な変化に、戸惑いは覚えなかったんですか」と尋ねてみた。するとおじさんは、「変化は徐々に起きたし、道や上下水道などの整備に多額の資金が投入されたので、満足しているんだよ」とのこと。むしろ気になるのは「商売が儲かるかどうか」のようだ。

考えてみれば、かつての交易の街も、利益に敏い人々が集まったからこそ栄えたはずだ。地元の人によれば、西塘に残る「正真正銘」の歴史的遺跡の一つだという横丁「石皮弄（シーピーロン）」は、最も狭い場所の道幅が何と八〇センチ。横丁沿いの商家が自分の敷地を最大限まで広げたからだ。昔も今も西塘の商人らは、寸土やわずかな利益を争ってきた。

商業の街の様相は、商人のロジックが決める。時が遷（うつ）り、人が入れ替わっても、土地を覆う「気質」のようなものは、そう簡単には変わらないのかもしれない。

3

激変の中の窯洞

山西省臨汾市汾西県師家溝村

カメラが捉えた秘宝

古鎮をめぐる旅は、文字どおり「映画のような」風景と出会える旅でもある。古鎮はそもそも、映画のロケ地として人気が高く、いわゆるロケハンの過程で見いだされ、のちに有名になった古鎮も少なくない。

山西省西部、臨汾市の北の端にある師家溝（シージアゴウ）も、そんな村の一つだ。ここで戦時下の農村を舞台にした馮小剛監督の『一九四二』をはじめとする映画やドラマが続々と撮影されたことが、すでに建物の保存状態の良さで定評があったこの村を、さらに有名にした。

辺鄙な山奥にいきなり精緻な造りの建物が並ぶ村ができた由来としては、明末に反乱を起こした李自成の伝説が語り継がれている。李は反乱を起こした後、清軍に追撃された。劣勢になると、李は自らの財宝をある場所に埋めた。それを掘り当てた師という姓の者が、その埋蔵金でこの村を建造したのだという。もっともこれはあくまで伝説で、より確かなところでは、清末の大臣、曾国藩の師匠とされる師民鳳をはじめとする師家三兄弟が、清の乾隆年間にここに屋敷を構えたのが始まりだという。

そういった予備知識を仕入れた後で、期待を胸に村に足を踏み入れると、あまりにがらんとしているので、拍子抜けした。やっと出会った村人の一人によれば、村の人口は六〇〇人ほどだったが、そもそも労働人口のほとんどが村を出て出稼ぎをしているうえ、観光地としての整備が進んだここ二、三年の間に、多くの住民が引っ越してしまったらしい。村の特色は中国の黄土高原地方に独特の洞穴式住居「窯洞（ヤオドン）」がいくつも並び、美しさを競っていることだ。だが、もともと村では次第に過疎化が進み、交通も不便だったため、窯洞一つごとに五〇〇〇元（日本円で一〇万弱）支払うという開発業者の申し出に、多くの村人が応じた。いわば、映画のカメラがとらえた村の美景が、思わぬ投資を呼び込み、結果的に村を生活感に乏しい、映画のセットのような場所にしてしまったことになる。

印象から言えば、師家溝の家々はまだほとんど風化しておらず、単なる過疎化が進む村とも、雰囲気がだいぶ違う。今からきちんと保存をすれば、本来の風格は保たれるだろう。だ

高台から見た師家溝村。中国の伝統的な門と山西省ならではの窯洞建築が見事に融合

がそうは言っても、やはり住民が去った後の窯洞のがらんとした様子には心が痛んだ。いかに耐久性があっても、人が住まねばやはり荒れてしまうはずだ。たとえ修復工事をしてから新たに住民を募るのだとしても、次の整備工事は、担当部門からの予算待ちだという。

カメラとの腐れ縁

この村で撮られた映画のうち、もっとも有名な作品である『一九四二』では、戦時中の農村で起きた大飢饉がリアリティたっぷりに描かれる。自分の村が映画の舞台となったことを自慢したり、観光の目玉にしたりしたいと思っても、そのテーマが、農民がもっとも忌避する飢饉だと、やはり具合が悪いのではないか、と私は少し気の毒に思った。

しかもこの村と「カメラ」の縁は、それだけに留まらなかった。村を歩いていると、あちこちに監視カメラがあった。不思議に思いながら、ある家の前に目をやると、柱の礎石の部分が失われている。「これでは柱が不安定で危ないでしょう?」と家の主人に言うと、何と「盗まれてしまった」とのこと。どうも、村の文化財の価値が広く認められたのが裏目に出て、村の随所に残る木や石やレンガの美しい彫刻が、盗人たちのターゲットとなってしまったらしい。多数の文物を一度に盗み出す大規模な窃盗も二度起こり、その結果、数人がかりでしか動かせないような礎石一対まで盗まれてしまった。そこで「三度は許すまじ」と設置されたのが、大量の防犯カメラだった。こうなると、カメラとの縁も腐れ縁だ。

もちろん、この村の遺産は簡単に盗み出せるものばかりではない。村の窯洞の整然とした構造や美しいアーチは傾斜の多い地形と美しく融合している。窯洞の生活スタイルもすでに村人の間に深く根づいていて、村に残った人たちはもちろん、村を出た人たちも、別の土地でやはり窯洞に住んでいるという。村には中国の他の地方の建物を真似て建てた家屋もあるが、そういった家屋と比べ、伝統的な窯洞のほうが圧倒的に風化に強いことを、村人たちは、実際に目で見て知っているのだ。

麺作りの技を娘に

多くの農村と同様にこの村でも過疎化が進む理由は、少し滞在し、村の人から話を聞くだけで理解できた。まず、まるで行政側も村民の立ち退きを後押ししているかのごとく、いたって交通の便が悪い。最寄りのバス停が村から遠いだけでなく、そのバスも来たり来なかったりする。実際、私自身も村を離れる時、来るか来ないか不安なバスを、随分と長く待たねばならなかった。村に商業施設はほとんどなく、病院や学校も遠い。小学校さえも遠いため、低学年の児童は山の上の教師の家で、直接授業を受けているのだという。

　村の入り口近くの、村人たちが麻雀などのために集っている場所で、少し村人と話をした。印象的だったのは、その人が何を思ってか、ため息をつきながら、いきなり「悪いことはしたくないが、今の世の中は悪いことをしないと生きていけないんだよ」と漏らしたことだ。いきなり本音らしき言葉が吐露されたことに驚いたが、立ち退きの時のトラブルや、農民としての生き方など、いろいろなことに関わる感慨なのだろうか。「もしかして、文化財泥棒に関することなのか?」という疑問も頭をよぎったが、真相は分からない。

　山西省といえば、何といっても麺が有名だ。晩に泊まった窯洞でも、おかみさんが「刀抜(ダオボー)麺(ミエン)」という地元の名物料理を作ってくれた。一本一本を独特の包丁さばきで切った、断面が三角形の麺だ。さすがのおいしさにうなっていると、それまで得意げな顔をしていたおかみさんがふと顔を曇らせた。そして「うちの娘はまだ作れないの。覚えさせてから世の中に出したいんだけれど」とこぼす。「今の若者はお米ばかり食べたがるけど、ただの怠慢よ」。確かに麺を一から作れば、米を炊くよりずっと手間暇がかかる。米のご飯を好む娘さんの気持ちも分からなくはない。だが村人が続々と去り、村の伝統が消滅の危機にさらされるなか、せめて食文化ぐらいは、というおかみさんの思いも切実なようだ。「ちゃんと教えなくちゃ」と意気込むおかみさんの背中からは、頼もしさとともに、寂しさや意地も感じられた。

4

消えた庶民の町

重慶市渝中区十八梯

開口一番「もうないよ」

重慶の老街については二〇一〇年を過ぎた頃から、友人より「ガンガン壊されているから、早く見ておかないとなくなってしまうわよ」と警告されていた。だが私は当時、すでに北京や上海の老街が「ガンガン壊されて」いくのをいやというほど目にし、心を痛めていたので、はやる気持ちこそあれ、見ればずいぶんとショックも受けるだろうということで、ついつい後回しにしていた。

いよいよ重い腰を上げたのは二〇一七年の二月。結論から言うと、やはり少し遅すぎた。ショックだったのは、宿をとった若者向けホテルのフロントで、「十八梯（シーパーティー）」と呼ばれる老街について尋ねた時のことだ。フロントの女性は、出鼻をくじくように、「もうないわよ」ときっぱり。そもそも、そのホテルを選んだのは「十八梯から近いから」という理由だったので、私は言葉を失った。

さいわい、もう一人いた若い女性が遮るように、「もう五分の三くらいがなくなっているけど、まだ少しは残っているはずよ」と説明を補ってくれた。前年の一〇月に取り壊しの工事が始まり、途中でしばらく止まったものの、また始まったようだと言う。

その翌朝、「本当に残っているのだろうか」という不安を胸に十八梯を訪れた。入り口近くの一、二の建物を除き、すでに多くの建物が工事用の目隠し壁で覆われていた。十八梯はいくつかの段をひとまとまりにした階段が、十八連なっていることから命名された。長江の波止場と街の主要な道路との間を結んだ階段状の道が発展したもので、かつては庶民の街として大変繁栄していたようだ。

だがその日訪れた十八梯は、昔の繁華街の余韻までは失われていなかったものの、その賑わい方はかなり異様だった。あたりには目立つ名所も店もないどころか、むしろ廃墟となっているのに、その間を通る階段状の道は、若者を中心とする旅行客で賑わっているのだ。しかも、みないかにも観光客らしいはしゃぎ方で、写真を撮りあったりしている。つまり、「現地の事情に疎く、取り壊しのことを知らずについ訪れてしまった観光客」もいなくはなかっただろうが、取り壊し中だということを承知で来ている人も少なくはなさそうだった。

映画が火つけ役に

じつは十八梯は人気監督、張一白による映画『从你的全世界路过』（邦題『君のいる世界から僕は歩き出す』、二〇一六年）の重要なシーンのロケ地となったことで、その頃、地元の若者の間で有名だった。この映画そのものは、若い男女が主人公のラブロマンスで、取り壊し問題が主なテーマとなっているわけではない。だが、作品の中では、かつての十八梯の庶民的で飾り気のない生活風景が、主人公たちの恋心が育つ場所として、ごく自然に表現されていた。そして何より、この映画がこの時期にこの場所で撮られたという事実そのものから、監督や撮影スタッフの十八梯に対する思い入れが伝わってきた。

十八梯一帯の本格的な工事が始まると、インターネット上でも「取り壊されているから、早く見に行った方がいい」などの書き込みが行われたようだ。こういった映画や呼びかけの効果によって、十八梯の最後の日々はカップルたちで賑わうことになったのだろう。しかも私が訪れた日はたまたまバレンタインデーだった。

もっとも、十八梯にはこのようなロマンチックなイメージがある反面、聴くだけでも背筋が凍りつくような、悲劇の歴史もある。日中戦争中の一九四一年六月五日、日本軍が重慶に三時間にわたる空襲を行った時、繁華街だった十八梯の防空壕には多くの人々が押し寄せた。それは定員を大きく上回る人数で、さらには壕そのものの通気も非常に悪かったため、二五〇〇人ほどが防空壕内で窒息死してしまったという。その防空壕は今も毎年、多額の費用をかけて維持されているが、一般開放されるのは惨事の起きた六月五日、そして八月一五日だけらしい。日本ではほとんど知られていないが重慶にはこのほかにも、防空壕や日本軍による空襲に関するエピソードがたくさん残っているそうだ。

いたちごっこの取り締まり

歩き始める前に、階段の続く部分の脇に唯一残っていた食堂に入った。そのテラス部分では、十八梯の石畳を見下ろしながら、街路樹の木の葉の爽やかさを身近に感じることができ、食堂の簡素な食事も味わいが増した。

いよいよ十八梯の階段を下りてみる。取り壊しの真っ最中だった当時、道端のあちこちに陣取っていたのは、トランプをする人、麻雀をする人、将棋をする人、弁当を売る人、抜缶（吸玉療法）をする人、耳かきをする人、理髪屋、占い師、マッサージ師などだった。も

塀で沿道の建物が覆い隠された状態の十八梯。
かつては通りを下ると波止場に出た

ちろん商売組はみな、無許可での公道での営業だ。ゆえに、公安や都市の秩序を維持する役目の「城管」が頻繁に取り締まりをしているようで、私の目の前でも、手相などを見るおばあさんが、「(工事用の)壁が倒れると危ないから」という理由で体よく追い払われていた。おばあさんは素直に従いつつも、いかにも納得がいかないという風に「危ないだって？ いったい何が？」とぼやいている。文革の頃ほど厳しい取り締まりはないものの手相は中国ではまだ公式には、「迷信」まみれの望ましくないものとされているため、彼女が優先的に追い払われてしまうのは、気の毒ではあっても、ある意味、仕方ないことだ。だが、おばあさんの言葉どおり、追い払う理由はかなり理不尽なものだった。本当に壁際が危ないのなら、観光客の通行を許すこと自体がおかしいからだ。それでも、おばあさんはまだ幸運だった。人目がここまで多い場所でなければ、立ち退かせ方はこれほど穏便ではなかっただろう。とはいえ、結局のところ、こういった取り締まりはいたちごっこになる。かつて十八梯で商売していた人たちが皆、短い間に「商売替え」することなど不可能なはずだ。しかも今は「あの映画にも出てきた」この通りの「最後の姿」を目にしようと、観光客が押し寄せている。商売人が格好のマーケットを手放すはずはない。

十八梯の階段部分が終わり、坂に変わったところをさらに下っていくと、食堂があった。そこで働くおばさんによると、十八梯の取り壊しは二〇一〇年に始まり、二〇一三年にはすでに家々と階段の間を遮る壁ができていたという。おばさんは語った。「以前はとても賑やかで、食べる物、着る物、使う物などが何でも買えた。私も以前は階段部分の方に店があったけれど、追い出されてしまったの」。通りの改修には一年かかり、改修後は復古的な外観になる予定らしい。「工事が終われば、店舗の家賃はぐっと高くなる。だから、元の場所にはもう戻れない」と残念そうに声を落とした後で、おばさんは気を取り直すように、「でも、またここで店を開くつもりよ」と言った。店同士の競争が激しくなれば、よほど特色のある商売でないと生き残れないだろうが、地元の変遷を知る老舗はやはり貴重だ。私は心の中で「大変だろうけど、がんばって」と応援した。

6章

今と昔の交差点

アクセス

高淳（高淳）

上海から多数出ている南京行きの列車に乗る。さらに「南京南駅（南京南站）」から10分毎に出ている「高淳（高淳）」行きのバスに乗る。「高淳（高淳）」で101番バスに乗り、「人民医院（人民医院）」にて下車。「人民医院（人民医院）」内を通り抜けつつ、徒歩で500メートル進む。

紹興（绍兴）

上海から多数出ている杭州行きの列車に乗る。「杭州駅（杭州站）」から39番バスで「南バスターミナル（汽车南站）」に行き、10分毎に出ている「紹興（绍兴）」行きのバスに乗り換える。

長汀（长汀）

「上海虹橋駅（上海虹桥站）」からD3145号またはD3135号の列車で「長汀南駅（长汀南站）」へ。駅を出て3番バスに乗り、「三元閣（三元阁）」にて下車。

1
都市の中の時空ポケット

江蘇省南京市高淳区

角を曲がるだけで風景一転

南京駅からバスで一時間半弱の場所にある高淳（ガオチュン）の県城（行政所在地）。この街そのものは、正直に言えば、とくに変わったところのない、地方にならどこにでもありそうな県城だ。少し広めの繁華街には、そこそこ内装にも力を入れた店が並び、かなり大きな総合病院もある。バスの路線数や人通りも少なくはない。とりたてて景気が良さそうでもないが、日本の地方都市で目にするシャッター街などと比べれば、まだまだ勢いがあり、活力を感じる。

だが、高淳の古い市街地は、そんな「普通に繁華な」現代都市の片隅から、いきなりタイムトンネルをくぐったように始まる。スターバックスやピザハットなどの外資系のチェーンが並ぶ通りから、T字路を一本折れただけで、突然、明清期の街並みが始まるのだ。

もちろん、現代と近代以前の都市の繁華なエリアが重なることは多いから、大都市の中に残っている「旧市街」の中には、いきなりタイムトリップしたような感じになる場所は少なくない。成都の「寛窄巷子（クワンジャイシアンズ）」などがいい例だ。だが高淳では、そのコントラストがあまりに強烈すぎて、ドラえもんの「どこでもドア」を想像してしまう。

しかも、タイムトリップした先に並んでいるのは、中国でありがちな、柱も壁もコンクリートだらけのエセ伝統建築の群れではない。そういう建築もないわけではないが、全体的に古い部材が大切にされていて、元の家の輪郭もよく残っているのだ。現地の人が開いているお店に入り、やはり近所にある有名な古鎮との差を問うと、主は誇らしげに、「あっちの建物は全部新しく建て直したもの。でもここの街並みは本物だよ」と語った。

街の人々は、おおむね気さくで、親切だった。もともとお年寄りや障碍者には親切な人が多い中国だが、高淳では、足が悪いというだけで、遺跡や博物館などの入場チケットがほとんど無料になった。古都南京の文化圏にある古鎮なのだから、かつてここに住んだ人の身分や教養は低くはなかったであろう。その名残が、こういった細やかで柔軟な気配り、そして街で出会うおじいさんやおばあさんによく見られる、優しげで上品な顔立ちなどに表れているように思えた。

歌謡や演劇の伝統

高淳の旧市街は、いわば「街の中の街」なので、面積はそう広くはない。だが、参観できる遺跡や博物館などの文化財は豊富だ。街の入り口には、一九九二年の碑でありながら昔ながらの碑文の形式をとった、「高淳老街の紹介」の石碑がある。中国の古い街並みの中では比較的早い段階から、長い歴史の流れの中に自らの文化を位置付け、その保存に取り組んできたことが伝わってくる。

信仰もおろそかにはされていないようで、歴史ある教会ではちゃんとミサが行われ、街の角では、道教の神様をまつった祠が、焚かれたばかりのお香の灰を残していた。

無形文化財を意味する「非物質文化遺産」という言葉に惹かれ、「非物質文化遺産展示館」を訪れた。一介の旅人ではなかなか見聞きすることが難しい、高淳地方に伝わる多種多様な無形文化財、つまり伝説、芸能、産業、風習などが、図版や実物、ろう人形などを駆使して紹介されている。その紹介によると、高淳にはさまざまな民間芸能が伝わっているようだ。とくに有名なのは民間歌謡で、その歌声の描写は、唐の詩人、李白の詩にも登場するという。

題材も多岐にわたり、田植え歌、童謡、儀式用の歌、時世を歌った歌、愛の歌などがあるそうだ。

ふと、賑やかな音楽に誘われて広場に入ると、奥に伝統劇用の舞台があるのが見えた。近づくと、舞台の下にある稽古場で地元の人たちが熱心に京劇の稽古をしていた。生の伴奏入りだ。稽古ではあっても、多くの観光客の耳に入るので、気は抜けないだろう。細かな彫刻や絵の入った朱色の舞台も、いかにも本番への情熱を掻き立てそうだった。

抗日の指揮官と深窓の令嬢

街には近現代史にまつわる遺跡もいくつか残っている。呉氏宗祠や新四軍駐淳弁事処旧址は、日中戦争の最中である一九三八年六月、陳毅率いる新四軍（一九三七年に編成された共産党指揮下の軍隊）の第一連隊二三〇〇余名が駐屯し、司令部を置いた場所だ。陳毅はのちに、国務院副総理や外交部部長、中央軍事委員会副主席、政治局委員などを歴任する。彼は当時、司令員として紅軍を母体としていた新四軍とともに高淳に到着すると、ここに抗日の根拠地を築き、翌年には新四軍江南指揮部で指揮を執った。

呉氏宗祠では、かつて革命用の文書を入れたトランクや、日本軍の刀などが厳かに展示さ

新四軍江南指揮部のあった建物。
表通りから離れた静かな一角にある

れている一方で、梁などに数多く残された彫刻や、苔むした趣ある人工池、一族が儀式に使った堂々とした広間なども印象に残る。つまり、近現代と前近代の両方の時代を同時に身近に感じられる場所だといえる。

今の時代ならではなのは、こういった共産党関連の遺跡がある一方で、民国期の高淳で一番の富を誇った趙荘の屋敷跡、「楊庁」もきちんと整備され、公開されていたことだ。国を救ったとされる政治思想と個人による富の蓄積は、今の中国ではもう矛盾も対立もしない。

楊庁は新中国の成立後、二〇〇〇年頃までは、多世帯が住む雑居状態となっていた。だが遺跡として保存されることになると、住民をすべて引っ越させ、展示できる状態にしたという。この経緯自体は中国の古い街の豪邸跡などではよくあることだが、家を追われた家族たちのそれまでの暮らしやその後の境遇はさまざまだったことだろう。

かつて深窓の令嬢が花嫁修業として裁縫や箏を学んだという、楊庁の奥の棟の二階に上がった。切り絵が貼られたガラス窓や意匠の凝らされた窓枠が陽の光を透かし、木の床に美しいシルエットを落としていた。この部屋にはどんな家族が住んできたのだろうか。そう思いながら、部屋の中央にぽつんと置かれた箏を眺める。その箏はあたかも、この屋敷で起きたさまざまなドラマを音もなく奏でているように見えた。

ローカル色あふれるグルメ

高淳の目抜き通り、中山大街に並ぶお土産やファッション関係の品物は、私が訪れた二〇一七年の時点では、あか抜けないものが多かった。おそらくはまだ、地元や地元周辺の人がやっているお店の割合が高かったからだ。ただ、大都市の最新の流行と縁が薄いのは悪いことばかりでもなく、流行りの商品などはない代わりに地元ならではの食品や工芸品、つまり陶器や鳥の羽を使った扇子や「毽子（ジェンズ）」と呼ばれている蹴羽根（けばね）用の羽根、そして木工品などが充実していた。とくに鳥の羽に金属の重しがついたものを足の脛を使って蹴り上げる蹴羽根

高淳老街の表通り。およそ800メートルの通りに
食べ物や土産物を扱った店がずらりと並ぶ

は、たいてい周囲に実際に遊んでいる人がいるので、彼らの腕前を眺めているだけでも楽しい。

　食べ物の地方色の豊かさも高淳の魅力だ。中国南部ではよくあるように、高淳でもおやつにもち米を使ったものが目立つ。笹を貼ったものや、ごま、あんこを使ったものもあり、見た目の彩りもきれいなので、日本の和菓子のルーツを感じ、親しみ深い。草もちに似た緑色のもちがあったので、材料はヨモギかと店の人に尋ねると、そうではなく、現地でプースーグと呼ばれているものだという。その後、いろんな人にこのプースーグとは何かと尋ねてみたが、どうも野草の一種らしいということ以外、結局何も判明しなかった。お菓子の種類が多いのは、おそらく日本の京都などと同じで、古都の成熟した文化の影響を古くから受けてきた土地柄だからだろう。

地方に行くとよく目にするスタイルだが、高淳の食堂の多くでも、注文の際、自分でいけすの魚や野菜などの材料を選んだ後、調理法まで指定しなければならなかった。食材と調理法の理想的な組み合わせを知らないと注文しづらいうえ、かりにお店の人に「おすすめ」を尋ねたとしても、その説明が聞き取れるかどうかは危うい。つまり、現地の食文化を知らない外国人にとっては注文は「肝試し」のようなものだが、ただ怖がっていても何も始まらないから、これもまた一興と開き直るしかない。料理人のメンツもあるので、あてずっぽうで頼んだ場合でも、たいていはそこそこおいしいものが出てくる。

そんなこんなで、目抜き通りはいわばグルメ・ストリートさながらだ。高淳では鶏肉料理、蒸しパン、そして高淳というよりは南京名物の蟹黄包子（蟹味噌まんじゅう）などを供する食堂も目にした。干し肉、特製の調味料、甘酒、ナッツ類を砕いて固めた菓子、干し豆腐などは、持ち帰りもできるグルメだ。もちろん、人によって好き嫌いはあるだろうが、未知の食べ物のジャングルを彷徨いながら、お宝を探す探検家気分であれこれ試すスリルも、旅の醍醐味だといえるだろう。

方言が文化財

高淳で一番驚いたのは、地元で出会ったほとんどの高齢者と、まさに一言も話が通じなかったことだ。偶然目が合ったおばあさんが、あれこれ話しかけてきた時のこと。言っていることはまったく分からなかったが、「行くの？　だったら連れていってあげる」という感じで誘うので、何か面白い名所でもあるのだろうかと、後をついていったら、たどり着いたのは何と公衆トイレだった。

南京といえば、首都であった時期も短くはない大都市だ。そこから車で二時間ほどの街で、標準語がまったく通じないというのは、ショックだった。

それもそのはずで、そもそも高淳方言は、無形文化財にも登録されているほど珍しい性質をもつ方言なのだそうだ。古い時代の漢語の音や語順がかなり残っているため、直接漢字を当てはめられない発音が数多くあるらしい。一説によれば、秦の始皇帝が全国の漢字を統一した時に、もともと使われていた漢字が使用されなくなったためだという。

やがて宋代になり、北方の様々な地方から人が流れ込むと、現地に古くからあった言葉に中国南部の「呉音」や古漢語、及び江蘇省北部の官話（共通語）が入り混じり、高淳の方言はさらに独特のものになった。中国の南方の多くの方言の例にもれず声調（音の高低のパターン）も多く、標準語の四つに比べ、高淳方言は七つだ。しかも音だけでなく語順も標準語とは異なっている。同じ言葉でも、話し言葉と文章を読む時で発音が変わり、さらには、六〇歳以上のお年寄りと若い人の間でも発音に差があるというから、想像するだけで目が回りそうになる。

その反面、古い言葉に近いことは、古典文学を楽しむ際には有利で、唐代の詩をそのまま今の音で読むと韻が踏めなかったりするが、高淳方言ではそのまま韻が踏めてしまうことが多いそうだ。

きれいに韻を踏んだ唐詩を聴いてみたい。高淳の人に唐詩を朗読してもらえないだろうか。ふとそう思ったが、純粋な昔ながらの高淳方言を話す人はかなり減っているといわれているうえ、多くの観光地の例にもれず、通りを行き交う人はみなせわしなげで、他の土地からの人も多そうだ。やはり私は観光ブーム真っ盛りの、今の中国の町にいるのだ、と急に現実に引き戻された気分になった。

2
立ちこめる酒と書の香り
浙江省紹興市

企業が決めた地元の味

シャンパンやコニャックから日本酒まで、地名が酒の名になった例は少なくない。それは中国でも同じだが、なかでも随一の知名度を誇るのは、やはり「紹興酒」だろう。

浙江省杭州の南西五九キロの位置にある紹興(シャオシン)は、もち米を原料とした醸造酒「紹興酒」の産地だ。杭州湾南岸の稲作地帯と鑑湖の良質な水脈に隣接していたことがこの地の酒造業の発展を助けた。

北京などの他の土地では熱燗にすることも多い紹興酒だが、地元では冬以外は常温で飲むのが通らしい。あくまで憶測だが、北京で熱燗が主流なのは、周恩来が熱燗好きだったことが影響した可能性もある。先祖が紹興出身である周恩来は紹興酒を好み、紹興酒の知名度向上に貢献した人物として知られているからだ。

ただ、いざ紹興で紹興酒を飲もうとした時に戸惑うのは、種類の多さだ。材料や製法、年代、ブランドによって細かく分かれているので、初心者は選ぶ基準がわからない。

棚にさまざまな銘柄の紹興酒が並んだ食堂で、店主に「やはり地元の人は味の差がわかるものですか」と聞いてみた。すると店長は「もちろんさ」と胸を張る。そしてこっそり「店にはないけれど、やっぱり手作りの甕入りが一番だよ。混ぜ物がないからね」と教えてくれた。

紹興っ子の間では某酒造会社の品が圧倒的な支持を得ているが、店長によれば、それも同工場のオートメーション化が他より遅かったことを地元の人は知っているからだという。「好みは百人百様。そこの酒の味が飛び抜けてよかったわけではない。でも、当時はぎりぎりまで手作りにこだわった点を評価する人が多かった。だから、自然とその味が地元の味になってしまったのさ」。もちろん、手作業に固執することはある程度、地元の雇用喪失も食い止めたことだろう。

ちなみに、紹興酒は都市や地域によって幅を利かせている銘柄がだいぶ異なるが、それはメーカーによって、それぞれの土地の商工部門との関係の強さが違うからだといわれている。つまり、紹興以外の地方の「紹興酒の味」も企業ごとの経営方針が決めているのだ。ちなみに、紹興の人に「北京ではどの銘柄?」と訊かれたので、ある銘柄を挙げると、「へえ、意外だ」とひどく驚いていた。

酒と料理には一家言あり

店主は、手作りの甕入りの酒についても、あれこれ蘊蓄を語ってくれた。甕入りの酒を造る時、醸造の年数は通常、紙の封印の部分に記されるのだそうだ。「長年寝かされた酒は半分以下に量が減り、しかも上澄みができるんだよ」と店主。保存の秘訣は湿気があって風通しのよい場所に甕を置くこと。階段の下や地下室などが最適らしい。店主は、「個人的な意見では、貯蔵年数が長ければ長いほど良いというわけでもなく、八～一〇年物がおいしいよ」とも教えてくれた。

酒が美味なら、酒を使った料理もおいしくなる。そのいい例が、地元の人気料理「梅菜(メイツァイ)扣肉(コウロウ)」だ。

紹興には「霉乾菜(メイガンツァイ)(「霉」は「梅」とも書く)」と呼ばれる特産品がある。カラシナ系の野菜や白菜などを干して発酵させたものだ。「梅菜扣肉」は、これを脂身の多い豚肉と代わる代わる層をなすように重ね、紹興酒をはじめとする調味料を足した後、長時間蒸して作られる。漬物に似た「霉乾菜」の独特の風味が紹興酒の香りと混ざり、ふくよかな味わいが生まれる。俗説では、北宋の詩人、蘇東坡こと蘇軾（そしょく）が、「東坡肉」と「霉乾菜」を組み合わせたのが発祥だといわれている。

名物料理だけあって、現地の人のこの料理をめぐるこだわりや蘊蓄は深い。「一番の好物だ」と言う生粋の紹興っ子のおじさんは、「ただひたすらじっくりと時間をかけて蒸す」のが伝統的な作り方だと主張する。一方、近郊の村で実際に「霉乾菜」を作っているというおじさんは、「先に炒めてから蒸すのが本格的だ」と言って譲らない。当否はともかく、彼らが熱心に長々と論じあう場に居合わせた私は、紹興人のこの料理への愛情の深さを強く感じた。

酒と文人の街

紹興は有名人を輩出した街でもある。まず筆頭に挙がるのが『狂人日記』や『故郷』などの名作で知られる文豪、魯迅だ。紹興には彼の生家やその代表作『孔乙己』の舞台になっ

紹興特産の食材「霉乾菜」を売るおじさん。霉乾菜は原料の野菜によって風味に差がある

魯迅関係の遺構を集めたテーマパーク「魯迅故里」内に
保存されている私塾「三味書屋」

たことで有名な咸亨酒店、魯迅が通った私塾「三味書屋」などが残っている。現代の政治家では毛沢東と並ぶ知名度を誇る周恩来の先祖や、女性革命家の草分けである秋瑾も紹興出身で、それぞれ故居が残っている。また、名だたる書家の王羲之も、赴任先だった紹興を心から気に入り、終生ここで詩や酒、音楽などを楽しむ生活を送ったとされている。彼らにまつわる遺跡を回ると、文学、書道、政治などの各分野で一級の人物とゆかりがある紹興の文化的素地のようなものを実感できる。

　紹興のもう一つの魅力は、街の水路にまたがる橋の美しさだ。その数は一三に上り、総称して「紹興古橋群」と呼ばれているが、とりわけ南宋創建の「八字橋」はタコの足のように四方に階段が広がっていて、たいへん美

八字橋のたもとで煮炊きをする住民。
観光名所だが、静かな生活環境が保たれている

しく機能的だ。

立ち去り難くなるほど表現に富んだ古風な趣をたたえた八字橋の上から運河を見下ろしつつ、私はふと思った。今の紹興も、まるで「梅菜扣肉」のようだ、と。繁華で店の看板もエネルギッシュな、どこか「脂ぎった」表通りから一歩路地に入ると、時間をかけて熟成された「霉乾菜」のような、シックで伝統的な街並みが広がっている。

貴重なのは、多くの他の観光地と違い、「霉乾菜」の部分がまだ地元の人々の生活と密着していることだ。国の重要文化財であるこの橋でも、近所の人がふだん着で延々と立ち話をしたり、橋のたもとの水路で洗い物をしたりしている。

次はどこへ行こうか、と、橋の上で地図を

広げていると、地元の子供たちが覗き込んできた。みな小学校四年生だという。彼らに試しに「紹興では何がおいしいかな？」と聞いてみると、「紹興酒！」という元気な声が返ってきた。「お酒飲むの？」と驚いていると、ある女の子が「私、飲めるわよ」と胸を張る。どう返していいか分からないでいると、その横で男の子が「僕は家の人がジュースしか飲ませてくれない」と照れたのでほっとした。何はともあれ、紹興酒は地元では子供たちにとってさえ無視できない存在らしい。小学生は行き過ぎだが、それだけ早くからたしなんでいれば、味の差だってわかろうというもの。さすがは紹興っ子だと私はうなった。

3

客家の里のミックス・カルチャー

福建省竜岩市長汀県

多元性誇る客家の文化

長汀(チャンティン)の古い街並みを歩いていると、とても不思議な感覚にとらわれる。例えば、木造二階建ての家が続く街並みは、日本や中国の江南地方の古い町を思い出させる。だがよく見ると、壁の一部は土や石やレンガだったりして、その組み合わせの自由さに目を見張る。先祖を祀った祖廟の多さや、高い建物に囲まれた中庭、木の彫刻の精緻さなどは、安徽省などの古鎮と似ているのに、壁が少なく開放度の高い店舗や、家々の祭壇の多さは、まるで広東省や香港のようだ。

その一方で、長汀には早くから西洋の文化も入ってきていた。一九〇八年にイギリス出身のキリスト教徒が設立した福音医院のあった建物を訪れると、当時にしてはかなり先進的な設備を備えていたことがよくわかる。この病院には、その妻である賀子珍が子供を生んだ際、毛沢東も一時期滞在したと言われている。

でも長汀の街がたどった歴史を考えれば、こういった多元性があるのも当然だ。そもそも長汀を管轄する汀州府は、福建省の西部、江西省との省境近くにあり、戦乱や天災などから逃れるため、黄河流域をはじめとする中国各地から移り住んできた漢族、「客家（はっか）」の里として知られている。汀州府の設置そのものが、移民の流入による人口の増加がきっかけだったとされているぐらいだ。

そのため、汀州の八つの県には、客家の姓の者を祀った祠が二〇〇余もあるといわれている。彼らはこの地に自らの文化を持ち込む一方で、少数民族を含む現地の住民の文化も広く取り入れ、混合度の高い独特の文化を築いた。

その子孫たちは、やがてここから汀江の流域を経て、中国南部の各地、そして台湾や東南アジアへと散らばっていった。たいていは移住後も一族の結束はある程度保たれ、なかには今でも毎年、墓参りの風習がある清明節（四月初旬）になると、世界各地から子孫らがこの地に集う家系があるらしい。

文化的な環境が変化に富んでいた一方で、汀州府の政治的な重要性はつねに変わらなかった。現在、長汀第一中学になっているところは、なんと唐代から清代までずっと汀州府の役所があったところだという。悠久の歴史を誇る中国といえど、一三〇〇年以上も役所の場所が動かなかったというのは、珍しいはずだ。

女神様の部屋を掃除

「店頭街」などをはじめとする長汀の旧市街区を歩くと、歴史ある建物や風習が、人々の日常生活によく融け込んでいるのが感じられる。唐代創建の城門「三元閣」の下でのんびり憩っている住民がいるかと思えば、仏教信者たちが念仏を唱える声が、どこかの民家から聞こえてくる。古い民家を利用したカフェや食堂も含め、みな自然体で伝統文化と共存しているようだ。

長汀ならではの信仰に興味を覚え、海の安全を司っているという女神、「媽祖」を祀っているという「天后宮」を訪れた。

なぜ海から遠いこの地に、海岸地域で人気の高い「媽祖」が祀られているのか。じつは、山に囲まれ、交通が不便なこの地では古来、塩を含む必需品の入手は隣接する汀江の水運が頼りだった。だが不運なことに、汀江は水運には不向きな川で、しばしば氾濫（はんらん）もしたらしい。

城門付近に住む住民の一人も、「一九九六年の洪水の際は水がここまで来た」と、家の壁に残る大人の背ほどの高さの跡を指差してくれた。

つまり、鉄道が通っている今ならともかく、水運が中心だった昔は、汀江が大人しくしているかどうかが住民たちにとって死活問題だった。そんな経緯から、今も人々は航海の神様で、万事に利益があるとされる媽祖をとても大切にしている。

天后宮には、今も媽祖が結婚前に住む場所とされる「聖母の間」がある。美しい彫刻つきの鏡台やベッドがあり、大ぶりの造花や刺繍入りの赤いテーブルクロスなどもあしらわれた華やかな部屋だ。境内で出会った人の話では、ここは男子禁制で、今も毎日信者の女性が、まるで媽祖がここで寝起きしているかのようにポットの水を替えたり、掃除をしたり、掛け布団をめくったり掛けたりしているという。その話を聞いた後で改めて「聖母の間」を見ると、たしかにやんごとなきお方がここに住んでおられるような気がしてきて、空想の世界に誘われた。

伝統と革命が同居

だが、そんなどこかほほえましい風習が残る一方で、長汀は波乱万丈の革命や政治との縁

媽祖を祀った天后宮。媽祖は海の女神であるため、
内陸部で祀られることは珍しい

も深い。

そもそも先述のように、客家を中心としたダイナミックな人の移動は汀州の原風景だといえるうえ、辛亥革命で有名な孫文や、シンガポールの初代首相、リー・クアンユー、台湾総統、馬英九などの著名政治家の先祖は、みなかつて長汀に住んだことがあるとされている。長汀そのものも、革命の根拠地となった。その歴史を伝えるのが、福建省ソヴィエト政府跡だ。

今でこそ「ソヴィエト政府跡」と称されているものの、もともとここは宋代に汀州禁軍署、つまり皇帝直属の中央軍の役所があった場所だ。明や清の時代には汀州試院と呼ばれ、「秀才」を選ぶ科挙の地方試験の会場になった。『四庫全書』の編纂で知られる紀暁嵐も試験官としてここに滞在したことがあるという。

やがて中華民国期になると、ここは共産主義革命を志す者たちの拠点となる。一九三二年三月一八日、福建省で初めての工農兵代表大会がここで開かれると同時に、張鼎丞を主席とするソヴィエト政府が成立する。ソヴィエトとは、社会主義者の呼びかけで形成された労働者、農民、兵士による評議会のことだ。もっともその後、ここはふたたび国民党軍の支配下となり、一九三五年には、革命家で作家の瞿秋白がここに監禁され、死刑に処されるまでの時間を過ごす。国民党側はロシア語に通じていた彼に、国民党の通訳として働きさえすれば、転向の声明や自首の書類などなくとも処刑を免除すると伝えたが、瞿秋白は断じて受け入れなかったという。

つまり「ソヴィエト政府跡」は、宋代から明清期を経て中華民国期に到るまで、さまざまな政治勢力に利用されてきた場所だ。その入り口に立つと、反り上がった中華風の屋根をもつ歴史建築に、赤い星のマークがついているので、とても不思議な感じがする。だが、この建物、ひいては長汀そのものが経てきた波乱の歴史を思えば、これも十分に「長汀らしい」のかもしれなかった。

7章

信仰が支えた町

アクセス

易県（易县）・西陵（西陵）

北京の「蓮花池バスターミナル（莲花池汽车站）」にて7:00から18:00まで20分毎に出ている「易県（易县）」行きのバスに乗る。「易県（易县）」で9番バスに乗り換え、「西陵（西陵）」へ。

永寧（永宁）

北京の「徳勝門（德胜门）」で「919快」番バスに乗り、「延慶東関駅（延庆东关站）」にて下車、同駅でY12番バスかY32番バスに乗り換え、「永寧（永宁）」にて下車。

涞灘（涞滩）

「上海駅（上海站）」でD952号の列車に乗り、「重慶北駅（重庆北站）」で下車。「重慶北駅北広場（重庆北站北广场）」から多数出ている「合川（合川）」方面行きの高速鉄道に乗り、「合川駅（合川站）」で下車後、128番バスで「長距離バスターミナル（客运中心）」へ。「長距離バスターミナル（客运中心）」からは朝9:30に「涞灘（涞滩）」行きのバスが出ている。

1

古墳を守る人々

河北省易県忠義村

宮廷料理の隠れた支流

古鎮の中には、いわば忠実な墓守として、古墳に寄り添うように息づいてきたところがある。清の皇帝四人が埋葬された河北省易県（イーシェン）の西陵の近くにある忠義村（ジョンイーツン）もその一つだ。

清朝は満州族の王朝だったため、皇帝の陵墓を管理・護衛していたのも当時満州八旗と呼ばれた満州族の部隊だった。だから西陵周辺には今でも数多くの満州族が住んでいる。その核となっているのが忠義村で、そもそもは雍正帝の墓である泰陵やその妃の墓である泰東陵、泰妃陵を建造するための内務府衙門があった場所だった。だからその歴史も西陵で最古の泰陵の完成より七年前の一七二三年にさかのぼる。

住民四〇〇人近くのうちほぼ一〇〇パーセントが満州族というこの村では、城壁と南門・西門二つの門が完全な形で村を囲んでいる。村の農家の多くは民宿も兼ねており、売りは満州族の伝統料理だ。

村にはかつて、墓陵で行われた祭祀のためのお供え物を作った御膳坊という部署があった。そのため、皇帝に捧げられるレベルの料理の文化が伝わっており、料理の名人も輩出してきた。実際に現地のレストランで料理を味わってみた私も、その料理のレベルの高さには驚いた。とくに豚レバーにゴマだれや卵、三種のナッツ、そして二七種の調味料を混ぜ込みつつ一日をかけて作られるという「旗腸鹿尾（チーチャンルーウェイ）」は、満漢全席にも含まれている高級美味だ。鶏の声が賑やかに響く農村の、いたって簡素な部屋で食べただけに、その味の高い洗練度がもたらした衝撃は強く印象に残った。

ただこの地の料理には一つ特徴がある。それは、供え物を核に発達した料理文化だけに、「熱々であること」を重視する中華料理の伝統の中ではめずらしく、前菜や「熱々でなくてもよい」料理の種類が多いことだ。

安眠を求めた皇帝たち

忠義村を訪れた人の多くは、やはり、彼らがどんな陵墓を守ってきたのかも知りたくなることだろう。お墓めぐりと呼んでしまうと、ちょっと不気味な感じがするが、有名な明の十三陵もそうであるように、中国の歴代皇帝の陵墓はかなりスケールが大きく、見応えがある。皇帝の生前から徐々に準備されるものとあって、そのデザインや装飾への念の入れようも並ではないため、いわば巨大な古美術品だといえる。

清朝の皇帝の陵墓が集中している場所は二箇所ある。東陵と西陵だ。そのうち、清朝前半の皇帝や、乾隆帝、西太后らが眠るのが東陵、雍正帝やそれ以降の嘉慶帝、道光帝、光緒帝らが眠るのが西陵だ。西陵ができたいわれを説明するこんな伝説がある。雍正帝は即位の前、他の兄弟たちに帝位を奪われぬよう、帝位継承者を告げる遺書に細工をした後、父親で時の帝であった康熙帝を暗殺した。そのため死後に康熙帝から報復されるのを恐れ、「子は父の陵墓と隣接した場所で葬られるべし」という皇室の掟を破って西陵を造営したというのだ。ちなみに死後の安眠を強く願った雍正帝だが、伝説ではその死にざまは悲惨で、宮女に扮した侠客に頭を切り取られてしまい、葬式では金で鋳(い)った頭で代用したという。

もちろんこれは、今はフィクションであるとされている。だが、具体的な理由は謎でも、激しい後継者争いを経験したとされる雍正帝が、他の皇族たちとは別の場所を安眠の地に選んだのは、何となく納得がいく。

皇帝の墓陵はいわば死後の宮殿だから、その建物は故宮のそれを模したものだ。そのため、瑠璃瓦の色から軒下の装飾まで、「ミニ故宮」と呼びたくなるほど外観は故宮とそっくりに造られている。違いは、建物の方は当時、祭祀や僧侶の読経などにのみ使われたことと、玉座がなく、代わりにゆったりとしたベッドのような椅子が置かれている点、そして、それぞれの皇帝がアイディアを凝らして作らせた個性的な門や装飾などがあちこちにちりばめられている点だ。また観光客も故宮と比べれば圧倒的に少ない。二〇〇〇年に世界文化遺産に登録された、ごく貴重な文化財ではあるが、どこかがらんとした感じは、映画のロケなどにも向きそうに見える。

開明天子と大岡裁き

崇陵は光緒帝が眠る陵墓だ。光緒帝は、康有為らの先進的な変法運動を支持したものの、戊戌の政変によって挫折し、幽閉の憂き目に遭ったことで知られている。殿内では一九〇八

前代の乾隆帝に取り入った奸臣の処罰で知られる
清の第七代皇帝、嘉慶帝が眠る昌陵

年に亡くなった光緒帝の葬式シーンの写真が展示されており、カメラという近代的なメディアで封建王朝の風習が撮影されているというギャップが不思議な感覚をもたらすが、考えれば映された時代は既製品のカメラが買えるようになってからすでに二十数年も後のこと。写真があるのは当然なのだろう。

開明天子として知られた光緒帝は死後も「開明」的で、西陵では唯一ここでのみ皇帝と皇后の棺を納めた「地宮」、つまり地下宮殿を見ることができる。重々しい石の門には、仏教彫刻とは似て非なる、独特な姿の聖人像が彫られていた。盗掘が深刻な問題らしく、盗掘跡を示す板が道をふさぐように立っていた。

ちなみにここでは、雍正帝の墓、泰陵や、

嘉慶帝の墓である昌陵、そして浸水のため東陵から移築された道光帝の慕陵なども参観可能だ。その后妃たちの墓も、半円の壁が音をこだまさせる「回音壁」のある昌西陵など、それぞれに意匠が凝らされている。

もっとも陵墓の建造には建設費用の着服や水増し申請などの汚職がつきものだったらしく、それらを見事に裁いた清の乾隆年間の名宰相、劉墉の功績も、現地では美談として語り継がれている。劉墉は当時、何と一〇〇名以上の官吏を免職、降職処分などにしたという。ちなみにこの劉墉という人物は、陵墓関連の汚職以外にも、民を苦しめたさまざまな不正を解決したため、中国ではかなりの人気者だ。その人気の高さは、テレビドラマの主人公になったり、劉墉という本名より親しみを込めた愛称、つまりその背の曲がった体形に由来する劉羅（リウルオ）鍋（グオ）という名の方が圧倒的に有名だったりするのにも表れている。

お墓の広告に墓を利用

西陵の歴史をしめくくるように、一九九五年に北京の革命公墓から西陵内の民営墓地に移転されたのが、ラストエンペラーとして知られる溥儀の墓だ。普通の日本のお墓とそれほど変わらないその規模は、彼以前の皇帝たちの広大な陵墓と鮮烈な対照をなしている。優先的に考慮すべきなのはもちろん、溥儀があの世で喜ぶかどうかだが、実際には溥儀の死から二八年も経った後の強引な改葬は、民営墓地の知名度を上げるためのものだったといわれている。

こういった例からもうかがえるように、近年の中国の文化財は、歴史的資源をお金に変えようとする企みによって、激しく揺れ動いている。だが、西陵の陵墓群を巡り、「所詮は誰もが土に帰る」ということを雄弁に物語る、雑草に覆われた土まんじゅうたちを眺めていると、人間たちのそんな小ざかしい企みなど、ほんのちっぽけなものに見えてくる。

何といっても陵墓たちは、目先の利益どころか、「永遠」や「不朽」の存在であろうとする人間たちのあがきさえも包み込んで、圧倒的な規模で自然と一体化しつつあるのだ。そもそも西陵は、主要な墓陵だけをぐるりとまわって入り口に戻ったとしても、二五キロは越すほどの大きさなので、人工的な建造物という感じがしない。陵墓群全体だけでなく、それぞれの陵墓も巨大なので、よほどの健脚の持ち主でないかぎり、すべてを歩いて回ることは難しいだろう。この陵墓を風化させず、盗掘もさせず、陵墓の形で永久に守り続けなければならなかった忠義村の住民たちが担った任務も、かなり重いものだったといえる。それは、人間の生の痕跡が少しずつ自然に還っていくのを見守るような、スケールの大きなものだったのだから。

2

墓碑となった教会

北京市延慶区永寧鎮

清代にミニトリップ

北京から北へ約七〇キロ。延慶区（当時は延慶県）のど真ん中にある永寧を訪れたのは、二〇〇五年の初夏だったように思う。明清期の建物が数多く残っていると聞き、期待を胸に訪れた私を、地元の人は「何もないところだよ」と笑った。

だが、永寧の中心街にたどり着くまでの道を、私はすでに十分楽しんでいた。ひまわりの植え込みが連なる街道では、時が風格を刻んだ民家や物語りたげな石垣が旅人たちを迎え、ミニりんごの「沙果」やスモモたちがのどの渇きをいやしてくれた。ミニりんごは普通の大きさのりんごより酸味が強く、野性味があるが、むしろそのためにりんごらしさが濃厚に感じられる。

道端では、地元の人たちが、のんびりとトランプをしたり、地面に入れ子状に四角をたくさん描いて遊ぶ、これまで見たことのないゲームに夢中になっていたりした。

そんな長閑な風景をじっくりと眺めた後で、いざ繁華街に入ると、予想以上に整備された町並みが迎えてくれた。道端に大きく掲げられた「完成図」が示すように、二〇〇一年に大規模な修復が行われ、道幅も拡張されたのだという。南北に走る目抜き通りの中央には、玉皇閣と呼ばれる楼閣も再建されている。中国の古い街ではしばしば、主要な通りの中央に楼閣が鎮座していて、人々が気軽に寛げるようになっている。

道の両脇を埋める店は、門構えこそ明清調だが、普通の生活必需品を売る商店ばかりだった。村人たちは総じて素朴で親切な人が多く、初めて訪れた私を快く家の中庭に迎え入れてくれたりした。

混乱の中で九〇〇人が犠牲

古城の目抜き通りを南へ歩いていくと、東側に立派なカソリック教会が現れ、はっとした。ゴシック・ルネッサンス様式とされるこの教会は、門の文様にハート型が使われるなど、一

カソリック教会、永寧天主堂。
外観が北京の四大教会の一つと似ているとされる

風変わった中西折衷のスタイルだ。だが、そのどこか愛らしさを覚える穏やかな外観とは裏腹に、とても悲しい歴史を経ている。

一八七三年の創建後、周囲の純朴な農民たちを感化し、徐々に信者を増やしていたこの教会は、一九〇〇年、義和団の乱によって一度焼かれてしまう。その時、八〇〇人の信者が犠牲となったというから、かなり大々的な破壊が行われたに違いない。一九〇二年に教会が再建されると、殉教者らの遺体は教会の下に埋められ、その脇に石碑が建てられた。つまりこの教会は、その建物自体がいわば殉教者たちの墓碑のようなものだ。

文革の荒波が来ると、本堂はふたたび内部の破壊や鐘の紛失などに見舞われた。さらには穀物庫にされた時期もあったという。もっとも現在は、教会としての活動が再開されており、厳粛な雰囲気の堂内では、少なからぬ信者が静かに祈りを唱えていた。日曜の午前中だけでなく、毎朝六時半から七時半までの間にもミサが行われているという。永寧では、教会や一帯に広がる古民家の他にも、土地廟（参観不可）や、ほとんど崩れかけた芝麻廟、城壁などが残っていた。その後、ここ以外の一部の農村でも、キリスト教の教会はピカピカなのに、より古くからあった仏教や道教の寺院は荒れ果てている、という状況をときおり目にした。

カジュアルな古鎮

当時の永寧は、繁華街の家々こそ再建や過度の修復によって、少し作り物めいた感じがしたが、それ以外の家々には、古びて崩れかけたものが多い代わりに、本物の遺跡を見るような味わい深さがあった。

以前、北京に古くから住む住民から、昔は家の天井全体に紙を貼る習慣があり、その紙は定期的に張り替えていたと聞いたことがあった。それを今の北京で実際に見るのは難しいが、当時の永寧では、すでにボロボロに破れた状態ではあれ、それらを目にすることができた。

もちろん、必要な修復や保存は急がれるべきだが、繁華街のように画一的に修復されてしまうのもどこか寂しいものだ。結果的にはその後、さらに多くの改修が行われたようで、現在の街は以前にも増してお客さん向けの表情をしている。だがそれ以外の選択肢が少ないというのも保護価値のある中国の古鎮の多くが直面している現実だ。

つまるところ、永寧は決して派手で大規模な観光スポットではない。しかしそれだけに、混雑やしつこい物売りとも無縁だ。その土地ならではの味わいを、「観光客」ではなく「旅人」の気分でしみじみと噛み締めることができる場所だといえるかもしれない。

3

磨崖仏に守られた門前町

重慶市合川区淶灘鎮

名物が並ぶ門前町

日本、中国を問わず、門前町には独特の活気がある。「先に廟有り、後に城有り（先に寺があり、後で街ができた）」と言われる重慶市郊外の淶灘（ライタン）も、縁日には多くの参拝客で賑わう典型的な門前町だ。町の建造は宋代に遡り、大きな高低差をもつ城壁が村をぐるりと囲んでいる。明清時代に建てられた店舗や民家も数多く残り、部屋数にして四〇〇室前後に及ぶという。

町を貫く参道である順城街は、多くの飲食店や食べ物屋が並ぶ、いわばグルメ・ストリートだ。参拝客の集中する春節の時期だったこともあり、私が訪れた時は、とくにさまざまな地元の名物が店先に並んでいた。この通りは、中国で地方の古鎮などが注目を集め始めた十数年ほど前から店が増え始め、徐々に賑わいを増したという。

店先で目立つのは、やはり四川地方の名物でもある豆腐関係だ。まずは、重慶一帯の名物でもある、柔らかい豆腐を香りの高いタレにつけて食べる「豆花（ドウホア）」。器に入った小さな四角い塊は、豆腐を発酵させた「腐乳（フールー）」だ。同種のものは中国の他の地方にもあるが、ここの「腐乳」は、発酵した豆腐を白菜の葉でくるみ、トウガラシなどで味付けしたものだ。

ある食堂で食事をしていると、店の主人が「腐乳」を一つサービスしてくれた。中国の他の地方で売られているものより、発酵食品ならではのクセのある香りがするが、味には深みがある。塩辛さはイカの塩辛並みだが、チーズに似た風味もある。

菓子類では、ナッツ入りの砂糖菓子「合川桃片（ホーチュワンタオピエン）」や、みかんの皮を砂糖で煮詰めた「紅橙糖（ホンチュンタン）」、お湯で溶いて葛湯を作るための葛粉もたくさん売られていた。いずれもどこか懐かしさを覚える素朴な味わいだ。

四川地方は、地元の「辛さ」への圧倒的な信頼があるので、まだましな方だが、今の中国、とくに都市部では、人気の高いグルメ街を歩いても、地元の本場の味にはなかなか出会えないことが多い。地元の人が食べ慣れた味より、珍しい味を売る店の方が繁盛したりするからだ。そんななか、涞灘の店たちの「地元度」の高さには、ゆるぎない自信からくる頼もしさを感じた。

ちなみに、斎戒や素食などの文化をもつ仏教とゆかりの深い門前街でありながら、軒先に大きな肉塊をぶら下げた店が多い。燻製肉の一種で、地元の名物だという。ただ、さすがに、お寺にもっとも隣接した通りでは、売られることはないということだった。

一年に数回もない、かきいれ時の節句でも、お店の人たちはのんびりとした様子だ。ある店では、「今日は親戚や知り合いと食事会をするから」と営業を早々と終了していた。

道楽好きの重慶っ子

やがて、道の先から楽器の音や歌声が聞こえてきた。村芝居が始まったようだ。急いで駆けつけると、小さな木造の舞台の上で、「縁結び」がテーマの庶民的なお芝居が繰り広げられていた。この舞台では、縁日以外にも、毎週土曜日に見世物が演じられているという。

「変臉（ビエンリエン）」と呼ばれる、ちょっとした手のしぐさで顔の外観をガラリと変えてしまうパフォーマンスも大人気だ。今は全国的に有名で、あちこちのショーに取り入れられているが、本

順城街の食堂。通りに面した戸は開口部が広く、
軒先には干し肉が吊り下げられている

場は四川地域とされるだけあって、洓灘でも「変臉」役者の人気は著名スター並みに高い。ショーの後の写真タイムには、多くの人が一緒に記念撮影をしようと、続々と「変臉」役者の元に押し寄せていた。

この小さな村で週一度の公演が成り立つ背景には、近年の観光ブームだけでなく、重慶っ子たちの「遊び好き」の気質も関係しているに違いない。順城街の周辺では、外に円卓を出して、青空の下で楽しそうに食事をしている風景が何度か見られた。私はその様子を見ながら、ここに来るとき、同じ重慶行きの列車に乗り合わせたおじさんとおばさんの話を思い出した。重慶で働いているという内モンゴル出身のおじさんは、内モンゴルと重慶との文化の差の大きさに、「最初はひどく

地元で大人気の変臉。音楽に合わせて踊りながら、
瞬時に顔の隈取りを変える

驚いたよ」と語った。すると河北省から重慶に移り住んだというおばさんも、うなずきながら補うようにこう語った。「重慶っ子たちは『吃喝玩楽（チーハーワーラー）（食べたり飲んだり遊んだり）』が大好き。週末になると、人にお金を借りてでも、友人たちと食事に出かけたり、麻雀をしたりする人が多いのよ」。これはおばさんの故郷の村では「あり得ない」ことだと言う。その言葉も印象的だったが、じつは私の脳裏に刻まれたのは、そのおばさんが履いていた派手な虹色のソックスだった。内モンゴル出身のおじさんも、それに合わせるように七色のサングラスをかけていた。住む土地が変われば、価値観も変わる。二人もすでにすっかり重慶モードで人生を楽しんでいたのかもしれない。

門前町、涞灘の目玉はやはり大仏だ。大仏がある仏教寺院、二仏寺の創建は唐代に遡る。二仏寺は上院と下院に分かれているが、とくに下院は見どころが多い。全体が岩窟寺院となっており、高さが一二・五メートルに及ぶ、たいへん立派な釈迦牟尼像が、文化大革命の荒波をくぐり抜け、人々の信仰を集めている。その周囲にも羅漢像や上人像を含む、大小一七〇〇余りの像が岩壁に刻まれており、いずれも南宋時代の仏教彫刻の風格を今に伝えている。

膨らむお香マーケット

ちなみにちょうど春節から一五日目の「元宵節」の節句の日に行ったこともあり、二仏寺の焼香客はかなり多く、太い線香からもくもくと上がる煙で一帯の空気がかすんでいた。行政側は、住民や観光客の健康のために焼香を制限しているようで、上院の方には分かりやすく制限の内容を記した紙が貼ってあったが、参拝客の多い下院の方ではなぜか目にしなかった。

やはり、古くから続いてきた「焼香」という文化を途絶えさせるのはなかなか難しいのだろう。最近は経済的に豊かな人々が増えたうえ、もともと中国ではご利益や縁起かつぎに関

二仏寺の下院。大きな岩を削って造られ、
内部に大仏と岩壁に彫られた無数の仏像が鎮座している

する物事には、お金に糸目をつけない人が多い。そのため、参拝客たちは一本八〇元（約一三〇〇円）もする線香でも、どんどん買う。となると、その売り上げは村人たちの貴重な収入源でもあるに違いない。

だが無数の焼香客たちが、続々と麺棒ほどの太さの線香を運んでくるのだから、いくら大きな香炉でもすぐ一杯になる。溢れるのを防ぐため、ある程度、煙を出した後のお香をせっせと片づけ、山ぎわに投げ入れる役目の人たちがいて、そのためにできたお香の山からは、香炉を凌ぐほどの煙が上がっていた。

ここまでくると、参拝客の信仰の自由云々より、現地の人の「経済的な利益をとるか、環境をとるか」という問題の方が深刻そうに見える。対策を見つけてうまく両立させせない限り、「お香ビジネス」の天秤量りは、化石燃料などのそれと基本的に同じなのだ。

キャベツから入れ歯まで

涞灘は、門前町であると同時に、古鎮全体が城壁に囲まれている。村の入り口であるとともに、参道である順城街の入り口ともなっている城門は、一八六二年に増築、修復されたもので、本来の門の外側をさらに半月状の壁で覆って門を設けた「甕城」という形になっている。古色蒼然とした石垣とうっそうと茂る樹木が経てきた年月の厚みを感じさせる甕城には、つい足を止めたくなる魅力がある。

面白いのは、この城門の内と外で、並んでいるお店の雰囲気ががらりと変わることだ。城の外では、常設の店より屋台が元気で、作りたての菓子や活け魚、漢方薬などが売られていたりする。正直なところ、品には当たり外れが大きそうで、ちょっとスリリングだ。漢方薬の売り子が、押し売りと言っていいほど熱心に、使い古しのペットボトルに入った、かなり怪しい漢方薬を売りつけてきた。やっとのことで振り払うと、近くにいた別の店の売り子が「信じちゃダメよ」と、そっと素早く、漢方薬屋には気づかれないように知らせてくれた。ご近所同士、あまり角を立てるわけにはいかない。でも、何も知らない旅行者が騙され

順城街から城門の方向を眺める。
週末や縁日には多くの参拝客で賑わう

るのも忍びない。そんな機転のきいたおばさんの心遣いに、じーんと心が温まるのを感じた。

　甕城から少しだけ離れたところでは、日にちの下一桁が二、五、八の日に朝市が立つ。朝市で売られている商品の生活密着度はとても高く、生鮮食品はもちろん、自分たちで加工した食品から細々（こまごま）とした雑貨まで、生活に必要なものは何でも手に入る。入れ歯屋さんまでいて、青空の下で腰かけに座った患者に口を開けさせ、入れ歯の型を取っていた。

　売り手の多くは驚くほど力持ちだ。そもそも天秤棒でいろんなものを運ぶ「棒棒（バンバン）」の文化が有名な重慶だが、ここでも、背中に大きな籠を背負った上に、さらに山盛りにした巨大なキャベツなどを天秤棒で運んでいたりした。この、日本ではとうに淘汰されてしまった背負い籠は、坂道の多い重慶ではまだまだ重宝するらしい。赤ん坊を籠の中で腰かけさせて背負うタイプもある。その後、洓灘からの帰り道、他の手段がなかったため、中国版の新幹線に乗ることになったのだが、その中にまで、背負い籠に赤ん坊を載せたおばさんが乗ってきたのには少し驚いた。何千年も続いてきた原始的な輸送手段と近代的かつ最新の輸送手段が、無理なく共存しているのが今の重慶なのだ。

　何はともあれ、洓灘の門は、外側がこのように生活感たっぷりである一方、内側は美食、娯楽、そして人々の信仰を集める仏さまにまで恵まれた、浮世を忘れさせる空間になっている。そもそも洓灘の門は、外から侵入した敵を、外側の門と内側の門との間に閉じ込められるようにした、甕城の構造だ。その門があたかも、守りをきちんと固めた、桃源郷への入り口のように見えたのは、私だけではないだろう。

8章

消えがたい戦の記憶

アクセス

沿河城（沿河城）

北京市内で地下鉄1号線（地铁1号线）に乗り、「苹果園（苹果园）」で下車。駅を出て西へ向かい、892番バスに乗り、「斎堂（斋堂）」にて下車。「斎堂（斋堂）」でM15番バスに乗り換え、「沿河城（沿河城）」へ。

于家村（于家村）

北京から多数出ている石家荘（石家庄）方面行きの列車で「石家荘駅（石家庄站）」へ。駅を出て9番バスに乗り、「西王バスターミナル（西王客运站）」にて下車。ここから6:30から19:00まで「井陘（井陉）」行きのバスが出ている。「井陘（井陉）」でふたたび「于家村（于家村）」行きの中型バスに乗り換える。

永定県（永定县）・初渓（初溪）

「上海虹橋駅（上海虹桥站）」にてG1651号の列車に乗り、「竜岩（龙岩）」へ。駅を出て25番バスに乗り、「竜岩バスターミナル（龙岩汽车站）」にて下車。ここから7:00から17:40まで、「下洋鎮（下洋镇）」行きのバスが出ている。「下洋鎮（下洋镇）」で下車し、15分ほどワゴンタクシーまたはバイクタクシーに乗れば「初渓（初溪）」に到着。

1

古代の壺のような味わい

北京市門頭溝区沿河城

長城沿いの要害の地

万里の長城沿いの紫荊関と居庸関の間にある沿河城(イエンホーチエン)は、古来北京の水源として重要な役割を果たしてきた永定河のほとりにあることが、その名の由来だ。

明代に遡ることのできるその古い歴史は、街の入り口にある門によく現れている。完全な形で残るのは西門だけだが、その中央には「永勝門」という名が刻まれているのだ。「永遠の勝利」という意味の言葉が村の入り口に刻まれているとは、いかにもかつて戦略上、重要視されていた土地ならでは。この古鎮にはかつて軍隊が駐屯し、軍備施設も集中していた。

村はとても小さい。東西に長いその端から端までを歩いても五〇〇メートルほどだ。住民は現在、百数世帯だが、荒れ果てた廃屋の多さに過疎化を感じる。村のある老人は「若い者は通学や就職のために大きな街に流れ、戻ってこない」と残念そうに語った。

昔の繁栄の面影は、村の北側にある、長城と城壁が隣接する部分や、民家の古びていながらも威厳のある門構え、意匠が凝らされた門の装飾、そして民家の敷地を囲む玉石の壁などから、いくらかたどることができる。だが率直に言えば、二〇〇五年頃に訪れた時の私の印象は、おおむね、崩れていくままに任されている、というものだった。古い歴史を誇る村芝居用の舞台も、単なる一本の古樹のように、ただそこにあるだけだった。二〇はあったという明代からの寺廟さえ、すべて壊されたままで、どうみても「村おこし」などとはあまり縁がなさそうに見え、今も状況はあまり変わっていないらしい。

しかし、ただ風化していくだけのようにみえる村落には、古代の壷がもつような独特の魅力がある。目を惹く名所は何もないのになぜか忘れられない。沿河城はそんな村でもあった。

四〇年前を演じられる村

携帯電話を意味する『手機』というタイトルの映画がある。時世をよく捉えたコメディ

映画『手機』の舞台になった郵便局。
建物に毛沢東の時代のスタイルを強く残す

タッチの作品で知られる中国の著名監督、馮(フォン)小剛(シャンガン)がメガホンを取り、実力派の人気俳優、葛優(グォヨウ)が主演を務めた二〇〇三年の作品だ。当時、急速に普及しつつあった携帯電話が、便利さをもたらすとともに、実際には人の生活から自由を奪ってもいることをウィットに富んだ台詞で皮肉り、多くの話題を集めた。

この映画の冒頭にある、昔の中国の通信事情を表現した部分に、沿河城が出てくる。一九七〇年代の中国の農村では、携帯電話はおろか、固定電話さえ普及しておらず、長距離電話は郵便局に行ってかけるしかなかった。そんな時代の素朴な景観が今も残っている沿河城は、ロケ地として相応しかったのだろう。村の西門の真向かいには、映画の中で幼き日の主人公が苦労して長距離電話をかけた郵便局がある。ちなみに、道中お世話になった三輪タクシーのおじさんも、ばっちりエキストラ役を務めたということだった。

舞台になった郵便局については、最近、別のニュースでも注目された。この郵便局には長年、一人しか局員がおらず、彼は沿河城やその周辺に散在する村々の住民に郵便物を届けるため、二二年間で一二・五万キロを自転車で走ったという。これは地球三周分を越える距離だ。しかも沿河城は石畳が多く、周囲は山で坂道も多いから、走るといっても、そうスイスイとはいかなかっただろう。すでに定年が近い彼は、後継者が見つかるか不安がっているという。彼はたまたま北京郊外で働いているので注目を集めたが、中国には彼のような局員が他にもたくさんいるに違いない。

これは中国全体について言えることだが、かつて、貧しい農村で暮らす住民などの間では、安定した現金収入がある郵便局員という職業は人気が高かったようだ。既得権益として、ある家族に独占されたりもしていた。山西省のとある村では、我が家は代々郵便局員をしてきた、と胸を張って得意そうに話す人と出会ったこともある。だが安定収入があるとはいっても、山村での配達は苦労も多く、電子メールやバイク便などの発達によって郵便業務の重要性も減った今、郵便局員はもうそこまで突出して「おいしい」仕事ではないはずだ。ましてや今は、無理に村に残らなくても、誰でも自由に大都市で働くことができる。だからこそ沿河城の郵便局員も、後継者探しが大変なのだろう。

ちなみに映画の中では、沿河城のような辺鄙なところにある農村でも、今は携帯電話などの通信手段が発達したということになっている。しかし、山が多いからだろう。私の携帯は、村を少し離れると電波が届かなくなった。現実は映画の世界ほど都合よくはいかないのかもしれない。

名のない湖と何もない駅

沿河城は近くから見てもいいが、少し離れた場所から眺めるのもいい。村の近くの永定河沿いには、険しい崖に挟まれて川のように湾曲している、全長九・五キロの真珠湖がある。一九五〇年代の珠窩ダムの建設によって生まれた人工湖で、風景こそ美しいが、昔はろくに名前もついていなかったらしい。

湖沿いには鉄道が走っており、その鉄道には二つの名所がある。一つはアーチ状の、取り立てて特別な点は感じられない鉄橋だ。それなのに、「亜州第一橋（アジア第一の橋）」という大それた名前がついている。もっともこれは八〇年程前についた名前だそうで、その頃は確かに何かがアジアで一番だったのだろう。

もう一つの名所は、第二九号トンネルを抜けたところにある、「五十五公里」駅だ。ここは一応鉄道駅で、今はどうか分からないが、私が訪れた二〇〇五年当時は、ほんとうに何もなかった。プラットホームはおろか、駅名を示す看板さえない。しかし確かに列車は止まった。

五十五里とは、北京から五五キロの地点にあることからついた名だ。北京までは二時間かかるが、その頃は四・五元（約七五円）という格安の列車代で行くことができたので、私は北京への帰路に利用することにした。村人によると、列車の本数は夕方六時二八分着の一本のみ。乗る時は湖のある側の反対側で待っていることが鉄則だ。列車は長いので、誤って反対側に立っていると、正しい側まで行くのに時間がかかり、乗り遅れてしまう。しかも、もしこの一日一本の列車を逃せば、夜、暗くなった山中を彷徨わなくてはならない。そんな厳しい条件だというのに、私がその日、駅にたどりついたのは、列車が来るほんの五分ほど前。それは私の人生で一、二を争うほどスリリングな列車旅となった。

2

何から何まで石造り

河北省石家荘市于家村

窓もテーブルも石造り

村が石でできていることから、「石頭村（石の村）」という別称で名を馳せている村がある。河北省石家荘市の西部にある「于家村」だ。

村に一歩足を踏み入れると、その別名どおり、あたりは見渡すかぎり石だらけだった。道も寺院も垣根も、そして三〇〇軒余りあるという民家も、そのほとんどが石で造られている。家々の入り口や窓も、石のアーチで堅固に造られているものが多い。ある住民の家の中に入れてもらったら、暖炉はもちろん、テーブルまで石造りだった。村の段々畑も石造りだという。

こういった石造りの家々や畑は、村人たちが力を合わせ、長い年月をかけて少しずつ築いてきたものだ。「なぜ、わざわざ石で？」と問うと、村の人は「もともとこの一帯は石山で、材料はタダ同然なのさ。それに、昔の人は時間があったからね」と笑った。

確かに、人類の長い歴史の中でみれば、今のせわしない家の建て方の方が異常なのかもしれない。でも、鑿（のみ）やトンカチが頼りだった時代、石の家を一軒建てるのにどれだけの労力が費やされたかと思うと、気が遠くなる。

もっとも石造りのアーチを多用した家の耐久性は抜群だ。地震にも強く、築二〇〇年以上でも安心して暮らせるという。それに、重い石を時間をかけて並べるとはいっても、村の人々は都会人よりずっと力仕事に慣れている。私が訪れた時、于家村では道の一部を石畳にする工事が進められていたが、重機はほとんど使わず、人の手で一抱えもある、バラバラの形の石を次々と敷きつめていた。聞くと、于家村や周辺の村の人たちだけで工事しているということだったが、そのスピードは予想以上で、二日余のうちに、宿のまわりの石畳は大半が完成してしまった。やはり伝統的に石を使う工事に慣れていて、技術や経験がある人が多いからだろう。

中国版バベルの塔

村は山に囲まれた盆地にあり、村への道も山すそにあるため、「村の入り口に立たないと村が見えない」と言われている。地元の人の案内で、かつては村の東門を兼ねていた「清涼閣」（旧称「送子娘娘廟」）に入った。明の万暦年間創建のこの建物は、門や柱や梁、そして祀られている仏像のすべてが石造りだ。建物の基礎はなく、巨大な石の上に、トンネルと二層の楼閣が直接建っている。かなり大きな石も使われているが、石と石の間をつなぐ建材は何も使われていない。そもそも、クレーンなどない明代に、どのように重い石を高いところに運び、積み重ねたのかは、今も謎のままだ。

村に伝わる伝説では、この楼閣は村一番の腕をもつ石工で、五〇〇キロの石も軽々と持ち上げてしまうほどの怪力の持ち主、于喜

数々の伝説を残す「清涼閣」。
村のガイドなどに頼めば内部も参観可能

春が独りで建てたのだとされている。于喜春はもともと、九層の楼閣を建て、その最上階に村のほとんどの人が属する于家の祖先である于謙を祀るつもりだったが、工事中に怪我をし、それが原因で亡くなった。そのため、建物は今に至るまで三階建てのままだ。

「清涼閣」をめぐる、この謎めいた伝説については、まことしやかな「証拠」も目に見える形で残されている。まず、建物の下には目立つシミがあり、これは当時于喜春が流した血の痕だとされている。また、建物の隣に生える木も、清涼閣への畏敬から、決して清涼閣より高くは伸びず、その高さが近づくと必ず枯れてしまうという。実際に注意深く見てみると、確かにそのとおりで、木は屋根より少し低いところでやや萎びたようになっていた。

「石だけ」になる不安

于家村という名は、明代の功臣、于謙の姓に由来する。于謙は、土木の変で皇帝が敵の人質になってしまった際、代わりの皇帝を立てて守備を固め、北京を死守した功績によって知られているが、その後不幸にも謀反を企てたという冤罪を着せられ、死刑に処せられた。厳しい迫害を受けたその遺族は、最初は今よりずっと山奥に逃れていたが、その後、あまりの不便さに耐えかね、比較的町に近いこの地に移ってきたという。だが、土の痩せた辺鄙な土

村内は壁も道も石だらけ。
村の一角には現地の文化を紹介した博物館がある

地ゆえ、村の建設は大変だった。建物や道が石でできているのも、言い方を変えれば、いわば石しか建材がなかったからだ。だがそれゆえに、建物や村そのものはよく守られ、伝統もきちんと受け継がれた。五〇〇年以上経つ今も、村の住民の九五%は于姓だ。村の人たちはみな今でも、自分の祖先が于謙であることを誇りにしているという。

だが、村は今、ふたたび大きな転機を迎えている。中国の村ではよくあることだが、出稼ぎに出る若者が増え、村には老人や、戸籍の都合で村でしか学校に通えない子供ばかりが残るようになったのだ。村でガイドをしている三〇代くらいに見える女性も、かつては出稼ぎに出ていたと言う。「私は『上有老、下有小』(家庭に年老いた親と幼い子供が同時にいる状態)。もともと、大きな町の人と違い、農村の人はいずれ子供や孫に養ってもらうつもりで、必死で子供を育てるのよ。私もそういう親の元で育ったから、世話をするために戻ってきたの」。だが、その言葉の意味を理解しつつも、私は心の中でつぶやいた。廉直さで知られた于謙の遺風を継ぐかのように、この村では観光業を強引に盛り上げるような気風はみられない。たとえ口コミで評判が広がったとしても、緩やかにしか観光客は増えないだろう。そんな村に戻ってきたとしても、彼女のように現金収入がある仕事につける人はわずかに違いない。

中国の西北地方などでは、気候の厳しさや水不足などのゆえに、過疎化が急速に進み、村が丸ごと消えてしまう例が少なくない。避難者の逃げ込んだ隠れ里や強制労働を課すために設けられた集落などであれば、もともと居住に適した条件に欠けているので、なおさらだ。

村の人も、この村がその別称通り、本当に「石だけ」の村になってしまう、という危機感を持っていると言う。時が止まっているように見える村は、それゆえにとても魅力的だが、そのまま単なる「遺跡」になってしまっては哀しい。私は、中国の多くの古鎮が抱える難題を、改めて目にした気がした。

3

丸屋根の下の楽しさと苦労

福建省永定県初渓村

宇宙基地のような民家

古今東西を問わず、建物、とくに大勢が住む集合住宅といえば、四角張っているものばかりだ。だが福建省の南部を中心とした地域には、そういった常識を覆す伝統建築が大量に残っている。上から見ると円形に見える巨大マンション「円楼」だ。現在中国におよそ三万カ所残っているといわれる伝統建築「土楼」の一種で、土楼には円形だけでなく、四角形や六角形を呈しているものも含まれる。かつて黄河流域から移り住んできた漢族である客家（はっか）の人々が建てたのが始まりとされ、外敵を防ぎやすく、建材も節約できるため、現在のような内側に開かれた形に

土楼の一種である円楼。戦乱や匪賊などに備え、
建物の外側にはほとんど窓がない

なった。

ある日、そんな土楼の七割が集中しているという永定県を訪れた。写真では壮大に見える建物でも、実物を見るとがっかりすることはよくあるが、円楼は期待をまったく裏切らない。雄大な円を描く土壁と瓦屋根は、どこか宇宙基地のようだ。実際、土楼をめぐる冗談のような噂がある。「土楼の知名度が急に上がったのは、アメリカのNASAの関係者が、航空写真に奇妙な形の建物が写っているのを見て、ミサイル基地だと勘違いしたからだ」というもの。実際、そう勘違いするのも分かるほど、土楼は伝統建築としてはめずらしい、巨大で幾何学的に整った、アヴァンギャルドな外観をしている。

すばらしいのは、細部も手を抜いていない

円楼の内部。通常、一階は台所や食事用の部屋、
倉庫などに使われ、中庭は共用スペース

ことで、注意深く観察すると、精緻な石や木の彫刻などが、古風な趣を伝えているのに気づく。土楼の多くは今も現役の住居で、周辺では、放し飼いのニワトリや、外に干された野菜や果物、駆け回って遊ぶ子供など、農村ならではの風景を目にすることができる。

マルに四角に入れ子型

似ているようでそれぞれ個性がある土楼を見比べながら歩くのは興味深い。六〇〇年前に建てられ、最古の歴史を誇るのは集慶楼。一方、直径七三メートルの承啓楼は四〇〇の部屋を擁し、規模の大きいことが自慢だ。この他、形状や構造を米を量る升(ます)や易学の原理に倣ったものもある。

その美しい構造がどこかファンタスティックな想像を誘うせいか、土楼は二〇一六年に公開された中国のアニメーション映画『大魚海棠』（邦題は『紅き大魚の伝説』）の舞台にもなった。北京の映画館でこの映画を観た時は、舞台となっている土楼が自分の訪れたところとあまりにそっくりなので、思わず声を上げそうになった。

もっとも、いかに美しい土楼でも、実際に暮らすとなると少し大変そうだ。三、四階建ての土楼でも、水回りはたいてい一階にしかない。しかし水道管などを通そうにも、例えば三階の部屋なら、上下三階分の部屋の所有権が必要だという。そのうえ、建物の土台が石なので、配管工事の難度も高い。実際に私が泊まった宿は、さいわいその難度をクリアした改修工事が行われていたお陰で、各部屋にトイレがあったが、昔は住んでいるのが三階であれ、四階であれ、みな一階まで下りて用を足さねばならなかったという。

さらに大変なのは、土楼は文化財であるため、法規上、老朽化しても恣意的な補修や改装ができないことだ。私が滞在した土楼ホテルは、階段がぼろぼろで、登るのがすこし不安になるほどだったが、オーナーの話では、かりに必要に迫られたものであっても、個人が恣意的に補修工事をすることはできないという。また売却についても制限があり、外部の者に売ることは許されておらず、家族内での譲渡しかできないということだった。

保護のためのそんな閉鎖的な規定こそあれ、観光客の多さからか、地元の人はわりと開放的だ。茶の産地が近いこともあって、しばしば「お茶でも飲んでいきなさい」と声をかけてくる。初渓（チューシー）という村にある土楼に泊まった時も、やはり宿のあるじがお茶に誘ってくれた。渓流高台にある雄大な土楼の前で渓流を見下ろしつつ茶をするのは、何とも爽快だった。渓流沿いでは放し飼いのニワトリが闊歩し、小さな子供たちが自由にはしゃいでいる。柵もない水辺で自由に遊んでいるのはちょっと危なっかしいが、「世界的な基準からすれば、むしろ今の日本が過保護なのだ」と思ってしまうくらい、それは平和でのどかな風景だった。

やっぱり故郷がいい

だが、あるじに土楼の暮らし心地を聞くと、「一族が集まって暮らせば、人間関係はどうしても複雑になる。それが嫌で出ていく人もじつは多いんだよ」という返事が返ってきた。あるじ自身も、若い頃は都会生活に夢を抱いて村を出た。だが、数年間奮闘した後、田舎暮らしも悪くないと気付き、地元に戻ってきたのだと言う。「故郷に縛られていると思っていたからこそ、無理してでも出ていきたくなったのかもしれませんよ。私も、足が悪いからこそ、家を出て旅したくなっているのかもしれない」と私が言うと、彼は「そう、そうなんだよ」と大きくうなずいた。

同じ土楼の里でも、その趣きはそれぞれ異なる。大勢の観光客で賑わうエリアもあれば、初渓のように昔ながらの素朴な山村の静けさを保っているところもある。その「観光地化」の程度の差が交通の便の善し悪しに由来するのは明白だったが、村々の「差」はどうもそれだけではないようだった。

初渓の人はこう語った。「現在、観光客の大半が押し掛ける洪坑村は解放前、国民党軍側だった。でも俺らの村は彼らと戦った共産党軍の拠点だったんだよ」。つまり、村ごとの対抗意識は、観光客の争奪戦のみでなく、各村がたどった歴史にも由来するらしい。

一見、すべてが「円く」収まっているように見える円楼。だが、平和はそう容易く得られるものではない。少し掘り起こせば、きっと人や村レベルでの、いろいろな葛藤のドラマが見つかるのだろう。

あとがき

できれば自分も住んでみたいと思うような、理想的な古鎮や老街とはどんなところだろう。中国で旅をしながら、私はしばしばそう自問した。

美しい街並みや清らかな山水などが今現在もたらしている印象に基づいてこの問いに答えるのは簡単だ。水墨画の世界さながらの古朴で牧歌的な古鎮が、自然体のまま息づいているというケースも、ごく稀だがないわけではない。だが「変わらないこと」がすでに希少価値を得ている今の中国では、昔ながらだとの評判が広まったとたんに観光客が集まってしまうため、その時点ですでに古鎮も老街も「変わらぬまま」でいることが難しくなってしまう。

反対に過疎化などが進みすぎていて、もはや旅人も振り返らぬほど寂れている場合も、それはそれで風化が進んでさらに荒れ果てるという容赦ない変化にさらされる。

古鎮や老街を様変わりさせる大きな力を前にした時、住民たちにできることはそう多くない。だがもちろん、皆が皆、そのまま黙り込んでしまうわけでもない。南方のとある古鎮で耳にした逸話が今も心に残っている。村に残っていた非常に古い樹齢を誇る木が観光開発のために切り倒されそうになった時、まるで事前に相談して決めていたかのように、村に住む老人たちが続々と集い、黙ってその木を取り囲み、護ったという。敬老の精神が根強く残る土地柄であったため、政府の役人たちもその木には手を出せなかったそうだ。

その一方で、旅人を相手に地元の文化や歴史を飽くことなく滔々と語ってくれる、語り部のような人々にも、私は旅の途中でしばしば出会った。その多くは、現在故郷が置かれている状況を憂慮していたが、それでも地元の魅力を語り広めることを諦めず、本書の執筆を大いに助けてくれた。この場で心から敬意を表し、ありがとうと伝えたい。

そういった強者たちと比べると、私のような一介の旅人が知り得ることはごく限られている。だが、自分の目で見聞きした古鎮や老街の現状や、今なお輝きを放っているその個性を私なりに書き連ねることで、それらの価値が国境を越え、これまで以上にさまざまな角度から見つめられるきっかけになれば、と願ってやまない。

本書の内容の多くは、ＮＨＫラジオ中国語講座『まいにち中国語』のテキスト、集広舎のホームページのコラム「北京の胡同から」、かつて北京で発行されていた月刊日本語雑誌『スーパーシティ北京』などに寄稿した文章に手を加えたものが元となっている。写真はすべて長年相棒として旅を共にした張全が撮影した。

最後に本書の編集、出版にあたり、励ましを得、いろいろな面でたいへんお世話になった亜紀書房の足立恵美さんと斉藤典貴さんに、心から感謝の念を捧げたい。

二〇一九年八月

多田麻美

多田麻美
ただ・あさみ

1973年生まれ。京都大学文学部中国語学中国文学科卒業。同大学大学院在学中に北京外国語大学ロシア語学科に留学。留学中に北京の胡同の魅力にとりつかれ、北京の雑誌編集部に就職。その後、フリーランスのライター、翻訳者に。各種媒体で中国やロシアの文化・芸術に関する記事やコラムを執筆。著書に『老北京の胡同』『映画と歩む、新世紀の中国』(いずれも晶文社)がある。

張全
ジャンチュアン

1965年北京生まれ。国家図書館での勤務を経て、2004年よりフリーカメラマンに。北京の胡同や中国の古鎮、および現代アートなど、中国の文化関係の撮影を幅広く手掛け、日本や中国のさまざまな新聞、雑誌、ウェブサイト、書籍に写真を提供。これまで開いた個展は『胡同の季節』(2009年)、『胡同の匂い』(2014年)、『北京・胡同の四季』(2015年)、『胡同游走』(2015年)。

中国(ちゅうごく) 古鎮(こちん)をめぐり、老街(ろうがい)をあるく

著　者　多田麻美

2019年10月25日　第1版第1刷発行
2019年12月21日　第1版第2刷発行

写　真　張全
装　丁　鈴木千佳子
発行所　株式会社亜紀書房
〒101-0051　東京都千代田区神田神保町1-32
TEL　03-5280-0261(代表)　03-5280-0269(編集)
http://www.akishobo.com/　振替　00100-9-144037
印刷・製本　株式会社トライ　http://www.try-sky.com/

Printed in Japan　ISBN 978-4-7505-1612-7　C0095